LES TRÉSORS DU
NATIONAL GEOGRAPHIC

LES TRÉSORS DU NATIONAL GEOGRAPHIC

NATIONAL GEOGRAPHIC

SOMMAIRE

EN COUVERTURE : **Jodi Cobb/1998** – Fête du clan en Papouasie-Nouvelle-Guinée ; PAGES 4-5 : **William Albert Allard/1995** – Lessive en Sicile ; PAGES 6-7 : **Michael S. Yamashita/1997** – Défilé de mannequins en Chine ; PAGES 8-9 : **Sam Abell/1984** – Cowboys dans le Montana, États-Unis ; CI-CONTRE : **Chris Johns/1996** – Zoulous sud-africains.

L'aspect le plus intéressant et le plus excitant de mon travail a sans doute été de pouvoir rejoindre sur le terrain certains photographes de renommée mondiale. J'ai ainsi partagé les aventures de David Alan Harvey – un collaborateur de longue date – à Cuba, et séjourné en Afrique aux côtés du grand reporter Chris Johns. De telles occasions sont toujours un privilège, celui de se faire témoin du dévouement et de la compétence de professionnels, qui, comme Harvey et Johns, confirment la tradition d'excellence du *National Geographic*.

La National Geographic Society, qui regroupait alors 165 membres, lança son journal officiel en octobre 1888. Les photographies y trouvèrent rapidement leur place. La toute première, publiée en 1890, fut une image de Herald Island. Mais la réelle décision d'inclure des photographies comme autant d'éléments narratifs fut prise en 1902, au moment où le président de la National Geographic Society, Alexander Graham Bell, et son jeune rédacteur en chef (et gendre) Gilbert H. Grosvenor décidèrent que Grosvenor devait se rendre en Martinique pour témoigner de l'éruption

Avant-propos

par John M. Fahey, Jr.
Président-directeur général

volcanique dramatique qui venait d'y avoir lieu. Bell l'encouragea alors à rapporter « des détails d'actualité illustrés par de belles photographies ». Un siècle plus tard, la recommandation de Bell est toujours un guide pour la revue.

Si votre famille est comme la mienne, vous devez savoir que se plonger dans le dernier numéro de *National Geographic* devient vite une dépendance. Enfants et adultes y sont captivés par les images vivantes qui dévoilent des cultures différentes, des paysages éblouissants et des myriades d'espèces avec lesquelles nous partageons notre planète. C'est pourquoi ce livre, qui rassemble quelques-unes des plus fascinantes photographies publiées par la National Geographic Society, m'enthousiasme à ce point, sensation que vous partagerez j'espère en les découvrant, ou en les reconnaissant parfois. Elles sont une libre invitation à contempler le monde à travers les objectifs de certains des meilleurs photographes du XXe siècle. Appréciez la vue.

Les 40 millions de lecteurs du National Geographic appartiennent à des horizons les plus variés. Vivant dans tous les pays du globe, ils sont les membres de véritables Nations unies de langues, de cultures et de points de vue sur le monde. Malgré leur diversité, ils partagent une même et durable appréciation de la photographie. Ainsi, que vous soyez de Manhattan ou de Moscou, l'image photographique vous parle de façon éloquente. L'un des premiers éditeurs à National Geographic, John Oliver La Gorce, affirmait que le pouvoir communicatif de la photographie en faisait un langage universel. Et, durant les dernières 113 années, peu de publications ont autant contribué à faire parler la photo que le célèbre magazine bordé de jaune.

Aujourd'hui, les archives photographiques de la National Geographic Society renferment une quantité impressionnante d'images – quelque 10,5 millions ! –, publiées ou non. L'ensemble retrace l'histoire du média qu'est la photo, des rares plaques de verre chromatiques aux films négatifs, et des diapositives aux photographies numériques les plus performantes. Ces images constituent un reflet sans équivalent du monde

Introduction

par Paul Martin

du XXe siècle – ses avancées médicales et scientifiques, ses bouleversements culturels, ses guerres, ses désastres naturels. Imaginez le défi que représente le choix d'un échantillon des meilleures photographies. Telle est l'ambition de ce livre.

Au fil des pages, vous observerez le monde à travers les objectifs de photographes de légende, comme William Albert Allard et James L. Stanfield. Certaines photographies sont des témoignages d'événements historiques, comme celles des expéditions polaires de l'amiral Richard E. Byrd. D'autres sont réalisées par des non professionnels, comme les astronautes qui, en orbite bien au-dessus de la Terre ou en rotation autour de la Lune lointaine, contemplent avec émerveillement l'univers depuis leur vaisseau spatial.

Entre moments intimes et grand spectacle, vous serez transportés dans les déserts, les forêts et les jungles, plongés sous les mers et projetés dans les étoiles. Vous observerez la vie quotidienne – sujet couvert avec constance par les photographes du National Geographic. « Prendre des photos en reportage vous rapproche des gens », observe George Steinmetz. « Non seulement cela vous donne une entrée que vous n'auriez pas en tant que simple voyageur, mais cela impose aussi un regard différent, plus analytique qu'expérimental. Cela vous oblige à donner votre maximum, à vous impliquer dans chaque situation ».

Les chapitres suivent un découpage géographique, reflétant les méthodes de travail et les missions du magazine. Un essai ouvre chacun des six chapitres, rédigé par des écrivains ou des scientifiques qui éclairent les photographies de leur propre perspective.

Le premier chapitre présente l'Europe, qui a offert aux archives de la National Geographic Society ses sujets les plus riches. Depuis l'aube du XXe siècle jusqu'à nos jours, ces photos composent un portrait culturel du continent. Parmi les images phares qui offrent d'intéressants contrastes entre la vie actuelle et passée, on se souviendra des gamins dans une nuée de bulles de savon lors d'une fête à Barcelone, ou de cette photo de 1929 représentant des petits Néerlandais chaussés de sabots de bois.

Le second chapitre concerne l'Asie, le continent le plus peuplé de la planète (4,5 milliards d'habitants). Terre des changements rapides et des traditions ancestrales, les nations d'Asie sont illustrées tant par la silhouette futuriste de Shanghai que par les éternels temples d'Angkor.

Parmi les portraits les plus mémorables, citons l'œuvre de Bruce Dale représentant des femmes dans un salon de beauté à Shanghai, et la photographie de John Claude White, réalisée dans les années 1920, où l'on voit un groupe de femmes népalaises parées de leurs plus beaux atours.

Le troisième chapitre englobe l'Afrique et le Moyen-Orient. Les scènes de la vie sauvage y comptent parmi les chefs-d'œuvre qui ont contribué à la réputation du National Geographic, comme ce groupe de guépards ou cette girafe dans une forêt surnaturelle, photographiés par Chris Johns. À travers les prismes de la vie quotidienne et des traditions se dessinent les différentes cultures : portraits d'agiles chasseurs de rats de cannes en Afrique du Sud, jeune fille de la tribu des Ouled Nails, en Afrique du Nord, avec ses bijoux traditionnels, mineurs dans la forêt de Minkébé au Gabon.

Le quatrième chapitre dévoile l'étendue du continent américain – deux royaumes dont les similitudes topographiques sont aussi frappantes que les divergences culturelles. Là encore apparaissent de multiples visages, espagnols et portugais de l'Amérique latine, anglo-saxons des États-Unis ou du Canada. La vie sauvage est illustrée par de remarquables photographies de loups, daims et quetzals.

La cinquième partie explore le monde sous-marin, les îles et leurs cultures. La National Geographic Society a soutenu de célèbres aventuriers des univers marins comme Emory Kristof, membre de l'équipe qui a dévoilé l'épave du Titanic. Le photographe David Doubilet eut ces mots : « Nous venons de la mer, c'est pour cela que nous éprouvons le besoin fondamental de faire des images sous-marines ». Des îles on retiendra les fascinantes images des sources thermales d'eau chaude en Islande, ou les impressionnants baobabs d'Australie.

Le sixième chapitre fait un tour d'horizon de l'exploration de l'espace par l'homme. Certaines images proviennent de la longue association du *National Geographic* avec la NASA, parmi lesquelles une photographie de la navette *Apollo* et de ses missions sur la Lune. D'inoubliables clichés révèlent le spectacle coloré des planètes et des galaxies éloignées. Comment imaginer meilleur épilogue à ce voyage dans le monde de la photographie ?»

En parcourant ces six chapitres, vous verrez une photographie dont la force n'a pas faibli, alors que depuis longtemps déjà les détails de l'article qu'elles accompagnaient ont été oubliés. La puissance durable de telles images en dit beaucoup sur la valeur de la photographie, dans un monde pourtant saturé de télévision, de films et de vidéo. Joel Sartore, grand nom de la photographie moderne, affirme : « Prendre des photos ne passera jamais de mode, car cela constitue l'unique moyen d'arrêter littéralement le temps à jamais. Un enfant est éternellement jeune sur une photo, un oiseau perpétuellement en vol. » Et lorsqu'on l'interroge sur ce qui rend une photographie mémorable, il répond : « Pour moi, une belle photo répond à trois exigences. Il lui faut une belle lumière et une bonne composition, avec un arrière-plan qui ne vole pas la vedette au sujet principal. Enfin elle doit saisir un moment particulier, qui peut être une émotion ou un élément qui surgisse de la scène. » Tout prévoir est difficile. « En fait, dit Sartore, les meilleures prises de vue sont celles qui semblent impossibles, qui ne peuvent simplement pas être faites ». Une photographie peut modifier le cours d'une vie. Sartore n'oubliera jamais cette image de Martha, le dernier pigeon migrateur, prise en 1913 : « Je me revois observant cette photo et me demandant comment ce pigeon migrateur pouvait bien être le dernier alors qu'il y en avait autrefois des millions. Cette image m'a mis sur la voie d'un travail de conservation. Elle m'a donné la volonté d'utiliser la photographie pour essayer de sauver la Terre, pour donner une voix aux espèces menacées. »

Ces photographies ne changeront peut-être pas le cours de notre vie, mais elles peuvent ouvrir nos esprits au vaste monde et aider à sa compréhension. Elles sont autant d'éclatantes évocations du pouvoir communicatif de la photographie, diffusée depuis cent ans par le *National Geographic*.

L'EUROPE

CARREFOUR DES CULTURES

L'Europe

d'après Raphael Kadushin

Jamais on ne connaîtra le nom de ces enfants et on aura sans doute du mal à trouver le village de Staphorst sur une carte. Mais instinctivement, chacun saura comment, parmi la galerie de portraits qui suit, lire la photo de Donald Mcleish, prise en 1929, où l'on voit un garçon et deux petites filles, riant avec une sincérité absolue. Est-ce parce que ces vestes brodées, ces chapeaux folkloriques, ces sabots en bois si caractéristiques – paradoxalement grossiers et élégants – sont autant de détails que la plupart d'entre nous associent tout de suite aux Pays-Bas ? D'autant que ces particularités suscitent en chaîne leurs propres images : les femmes de Vermeer saisies dans un rayon de lumière dorée ; les maisons à pignons et les arches des ponts ; Hansel et Gretel sur leurs patins d'argent striant de sillons la surface d'un canal gelé ; et les moulins à vent bien alignés tournoyant sans repos.

La photographie de ces enfants évoque bien sûr davantage une image idéalisée de la vie néerlandaise que toute réalité contemporaine. Mais ses détails

A.W. CUTLER | 1931

PAGE 20 : Les murs penchés et les planchers voilés de la Crooked Inn («l'auberge Tordue»), installée à Kingswinford, Grande-Bretagne, au-dessus d'une mine de charbon.

lui confèrent un pouvoir évocateur ; ainsi, même si elle se réduisait à un simple pied chaussé d'un sabot de bois, chacun pourrait en déduire le contexte. Un trait commun à beaucoup des photographies sur l'Europe rassemblées dans cet ouvrage.

L'image des pêcheurs à la ligne sur les rives de la Seine est une vision romantique de l'art de vivre à la française, tout comme les mannequins portant du Yves Saint Laurent, évoquant un autre archétype de la France, celui qui prend source dans la haute cuisine, la haute couture ou le concept même de « hauteur ». Même le cliché de la cathédrale Saint-Basile, avec ses airs de palais de glace, est immédiatement identifiable : voici la Russie du *Docteur Jivago*, enneigée et lugubre, malgré la grâce légère des coupoles à bulbe.

Si l'on peut situer instantanément ces photographies, reconnaître en un clin d'œil les pays et quelquefois les villes, c'est notamment que la mosaïque des cultures qui dessinent l'Europe est reconnue bien au-delà de ses frontières. Toutefois les images d'Épinal ne traduisent pas toute la vérité. L'Europe conte de fées est devenue une histoire bien plus complexe et plus mature.

De fait, l'Europe que l'on croyait si bien connaître est une invention finalement récente ; beaucoup des pays qui la composent n'ont en effet jamais cessé de changer de visage au cours des siècles. Les mouvements de population, les métissages ethniques, les bouleversements de frontières et les flux perpétuels qui ont défini l'Europe du XXe siècle remontent à la nuit des temps. Les Celtes de Grande-Bretagne ont été poussés à se retrancher aux confins de leur île par les invasions successives des Romains, des Anglo-Saxons et des Normands. Les Romains ont colonisé une grande partie de l'Europe, les Slaves se sont installés dans les Balkans, et la France et l'Angleterre se sont disputé de nombreux territoires jusqu'au XVe siècle.

Où que l'on soit en Europe, on s'aperçoit que rien n'est jamais resté figé. L'Alsace a tant de fois été ballottée entre la France et l'Allemagne qu'elle a fini par être un peu des deux à la fois, une région qui marie à sa table le foie gras et le « sauerkraut ». Si, sur une carte politique, la nouvelle Europe a tout l'air d'un joyeux méli-mélo, la vieille Europe était encore bien plus instable. Ainsi, les photographes ont toujours dû faire face au même défi : trouver quelque chose d'inaltérable dans une scène en perpétuel mouvement.

Pourtant, dans les prochaines décennies, ce n'est pas seulement l'Union européenne et ses frontières mouvantes qui dérouteront les photographes désireux de capter l'esprit du Vieux Continent. La réelle mutation viendra de l'augmentation des flux migratoires qui écriront sans doute l'histoire du XXIe siècle.

Quand les ressortissants européens des anciennes colonies ont rejoint chacun leur mère-patrie respective, ils ont été suivis par un tel flot d'immigrés économiques et de réfugiés politiques, venus d'Afrique, du Proche-Orient, d'Asie et d'Europe de l'Est, que le métissage de chaque pays s'est accentué. Aujourd'hui, l'Europe, c'est une mosquée derrière un moulin, un fish-and-chips servi avec une sauce au curry, une odeur d'encens mélangée à celle de madeleines chaudes, un sari sur fond de champs de bruyère ou un carnaval caraïbe en plein Notting Hill. Ce « melting-pot » ajoute une nuance à la palette des photographes, mais aussi une complexité d'un nouveau genre. Dans vingt ans, on rencontrera sans doute à Amsterdam autant d'accents différents et de tendances culturelles qu'à Brooklyn ou à New York.

Jusqu'ici, l'Union européenne a plus favorisé les échanges économiques que culturels, mais elle a aussi aiguisé le sentiment de singularité de chacune des nations : que signifie être danois, français ou italien ?

De Majorque à la Cornouailles, de plus en plus de citoyens tendent à revisiter et à restaurer, avec grand succès, des traditions locales. Ainsi, affichant des tendances modernistes, certaines cultures qui semblaient impatientes de faire table rase du passé dans les années 1960 et 1970 ont tout à coup redécouvert des coutumes ancestrales, des langues à demi-éteintes, des fêtes ou des artisanats presque oubliés. À ce titre, même la plus ancienne et la plus désuète des photographies de ce livre raconte toujours quelque chose de l'Europe d'aujourd'hui : un continent ouvert sur la nouveauté mais attaché à protéger ses traditions les plus anciennes et les plus singulières.

Une qualité particulière donne à ces images leur caractère unique : l'exceptionnel éventail des arrière-plans, ces paysages qui servent de cadre aux sujets. Si l'Europe possède un don pour donner naissance à des sociétés distinctes, elle a aussi hérité d'une variété géographique parmi les plus denses au monde – écho naturel à sa diversité culturelle. Une profusion qui offrira toujours de riches opportunités pour la photo.

Prenez la coiffe hollandaise. Alors que les jeunes filles de Staphorst portaient de simples bonnets brodés, la femme néerlandaise s'ornait traditionnellement d'épingles à cheveux torsadées dont les formes variées permettaient à chacun d'en savoir plus long sur celle qui les portait, de quelle région elle venait ou quelle était la profession de son mari. Le rond désignait ainsi une catholique, le carré une protestante et la position de l'épingle son statut marital. Bien sûr, ces antennes dorées ont cessé d'émettre de tels messages aujourd'hui, mis à part dans quelques contrées hors du temps ici et là aux Pays-Bas. Mais cela n'arrête pas un photographe.

Alors que l'uniformisation gagne le continent, ces coiffes, ces épingles à cheveux évoquent toujours le charme fragile d'un temps dont témoigne le moindre objet ancien, le moindre mètre carré du territoire européen. C'est une part de leur force.

Trouver des images qui résonnent aussi profondément et parlent de façon instantanée à celui qui les regarde est le véritable défi que doivent relever les photographes contemporains.

Mosaïque de plus de quarante nations indépendantes, l'Europe est le plus petit continent de la planète, devant l'Océanie. Seule l'Asie la surpasse en terme de densité de population. La majeure partie des Européens habite les larges plaines qui s'étendent entre les montagnes déchiquetées du Grand Nord et le massif alpin qui s'épanouit vers le sud. Irriguée par de nombreuses rivières, cette terre fertile a donné naissance et nourri beaucoup des plus belles villes qui soient au monde, de Moscou à l'est, à Paris et Barcelone à l'ouest.

SAM ABELL | 1986

PAGES PRÉCÉDENTES : Poires en train de mûrir sur le rebord d'une fenêtre, près du Kremlin à Moscou.

WILLIAM ALBERT ALLARD | 2002

CI-CONTRE : Le vin produit, à flanc de colline, par le vignoble de La Morra, en Italie, est l'un des meilleurs du monde.

SISSE BRIMBERG | 1998

PAGES PRÉCÉDENTES : La cathédrale Saint-Basile, sur la place Rouge à Moscou, abrite neuf chapelles distinctes, chacune couronnée de sa propre coupole.

GERD LUDWIG | 1998

CI-CONTRE : L'objectif témoigne parfois de la justesse des archétypes, comme ici ce coin de campagne russe, tout de neige et de givre, et ses bouquets de conifères.

LYNN JOHNSON | 1997

Au sud d'Amsterdam, des cygnes,
cernés d'une explosion de jonquilles,
s'apprêtent au décollage.

JAMES L. STANFIELD | 1989

La pyramide de I.-M. Pei est devenue l'emblème du Louvre, ancien palais royal reconverti en musée national dès 1793.

DAVID ALAN HARVEY | 1998

CI-CONTRE : Le souvenir des Jeux olympiques, accueillis en 1992 par Barcelone (Espagne), est perpétué par les colonnes rutilantes et le relais téléphonique futuriste qui décorent encore l'Esplanade olympique.

WILLIAM ALBERT ALLARD | 1995

PAGES SUIVANTES : Éclosion de coquelicots sur fond de paysage provençal, comme autant de touches de peinture dans une toile de Van Gogh.

Parliament
Square
Victoria

JODI COBB | 2000

Si Big Ben s'entête à donner l'heure de siècle en siècle, les nouvelles, elles, transitent jusqu'au pont de Westminster de Londres (Grande-Bretagne) par les téléphones portables.

Avec une importante façade maritime, un climat tempéré et d'abondantes ressources naturelles, l'Europe a longtemps occupé le premier rang mondial dans les domaines agricole et industriel. Aujourd'hui les Européens bénéficient encore de l'un des plus hauts niveaux de vie au monde.
Miroir de la société, la vie des hommes et des femmes reflète les attitudes d'une époque et d'un lieu : tandis que des ouvriers bâtissent la cathédrale de la Sagrada Familia à Barcelone, ailleurs des mannequins se préparent avant un défilé de haute couture.

DAVID ALAN HARVEY | 1998

PAGES PRÉCÉDENTES : Une réelle puissance visionnaire émane de l'architecture imaginée par Antonio Gaudi pour l'église de la Sagrada Familia de Barcelone (Espagne).

ERNEST PETERFFY | 1924

CI-CONTRE : Sur les quais, dans un port de Lettonie, des femmes présentent fièrement un étalage de truites de mer saumonées.

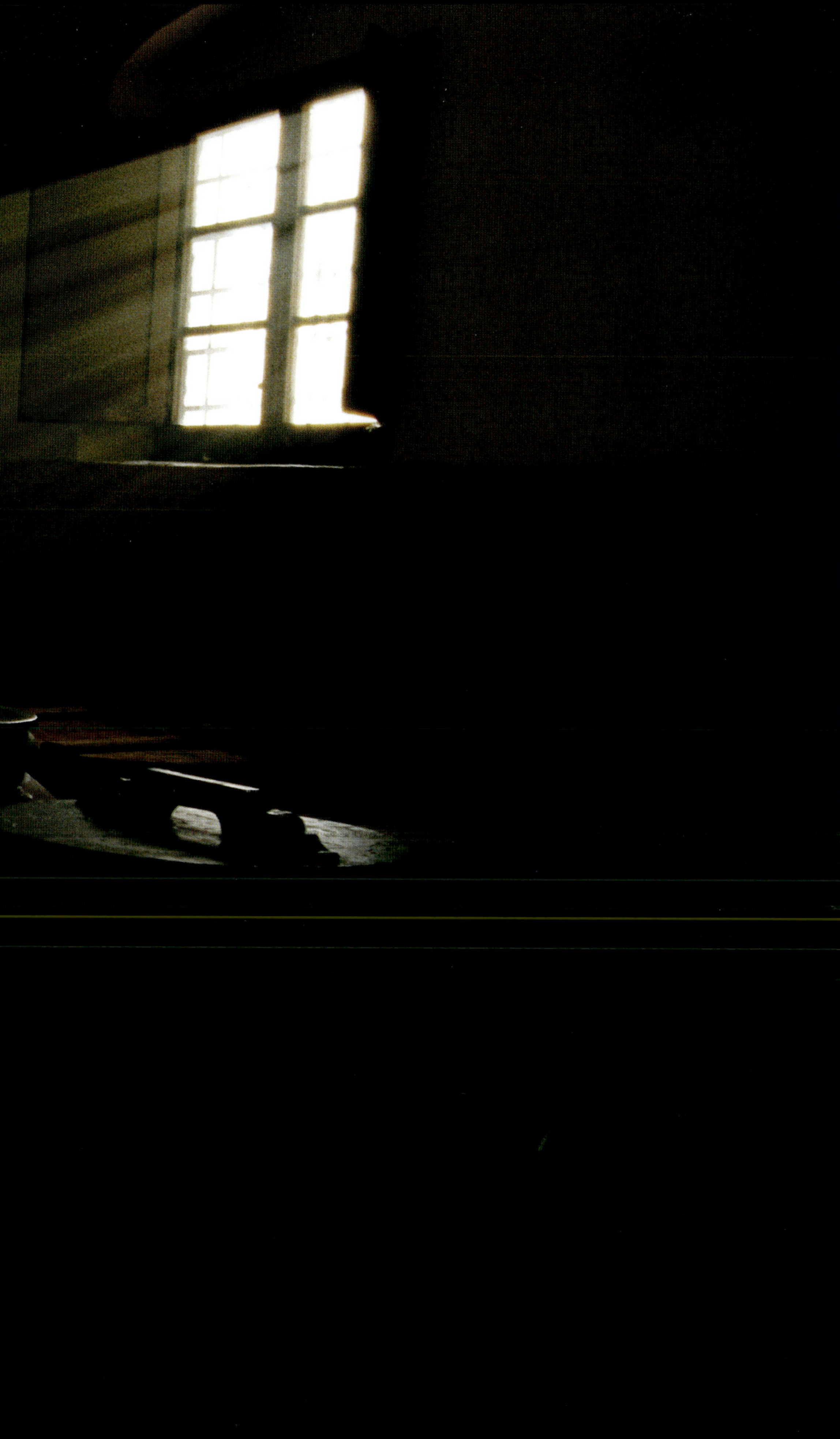

IRA BLOCK | 1999

Ces urnes de céramique renferment le « liquide d'or », nom donné à l'huile d'olive italienne produite dans ce domaine de Toscane depuis plus de mille ans.

WILLIAM ALBERT ALLARD | 1995

CI-CONTRE : Du haut de ses huit ans, ce garçon arbore avec fierté son plus beau costume, lors d'un mariage à Sciacca, en Sicile.

A.W. CUTLER | 1929

La marée basse fait le bonheur
d'un navigateur en herbe et de ses amis
ramasseurs de coquillages, sur la plage
de Lynmouth, Grande-Bretagne.

DONALD MCLEISH | 1929

Sabots de bois et vêtements traditionnels ont, depuis, certainement laissé leur place à une garde-robe plus contemporaine pour ces enfants du village de Staphorst, Hollande.

JAMES P. BLAIR | 1994

Confidences enfantines dans un jardin de Grebeni, l'un des nombreux villages des rives de la Volga, en Russie.

WILLIAM ALBERT ALLARD | 1989

PAGES PRÉCÉDENTES : Mannequins se préparant pour un défilé de haute-couture signé Yves Saint Laurent.

WILLIAM ALBERT ALLARD | 1995

CI-CONTRE : Voile noir, regard perçant, cette actrice sicilienne prend une pose de tragédienne.

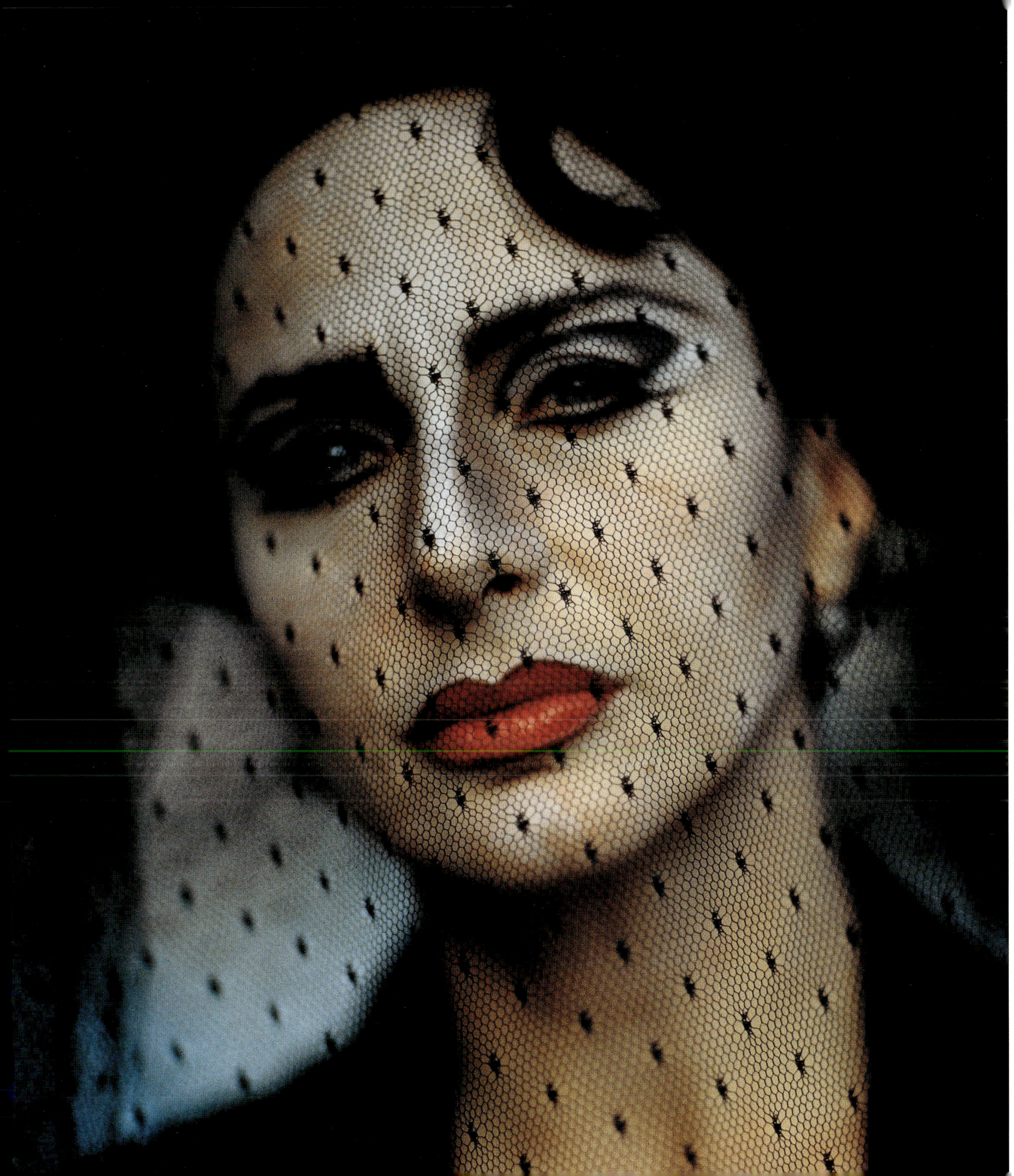

WILLIAM ALBERT ALLARD | 1995

Déchaînement de supporters lors de la Coupe du Monde de football, à Catane, Sicile.

SEBAH & JOAILLIER | 1929

Ce portrait de femme voilée fut acquis en Turquie, puis rapporté aux États-Unis par Maynard Owen Williams, collaborateur régulier du National Geographic.

Maîtres dans l'art de la dolce vita, les Européens sont réputés pour leur aptitude à profiter des plaisirs de la vie, fêtes, dîners savoureux ou simples instants partagés entre amis ou amoureux. Une nuit dans un pub de Prague sera l'occasion de croiser un duo de troubadours tout droit sortis d'une nouvelle tchèque, tandis que des vieux Parisiens partageront un paisible après-midi à pêcher en bord de Seine. Et, au pays de Galles, rien de tel pour un père, son fils (et son chien !) que de parcourir la campagne à bord d'une vieille jeep Land Rover.

SAM ABELL | 1993

PAGES 64-65 : Promenade dans la campagne galloise pour un père, son fils et leur chien.

JODI COBB | 2000

PAGES PRÉCÉDENTES : Plaisir d'une pinte de bière après une longue journée de travail, à la Lamb Tavern de Londres, un pub qui existe depuis 1780.

W. ROBERT MOORE | 1936

CI-CONTRE : La pêche sur les bords de Seine, à Paris, fut longtemps un des passe-temps favoris des Parisiens, comme en témoignent nombre de peintures d'avant-guerre.

BRASSERIE

W. ROBERT MOORE | 1936

Montparnasse, célèbre pour avoir abrité de nombreux artistes au mode de vie un peu bohème, et ses innombrables terrasses de cafés où il fait bon passer un après-midi de printemps.

DAVID ALAN HARVEY | 1998

Bain de bulles à Barcelone (Espagne), où l'on compte jusqu'à 140 fêtes et festivals par an.

WILLIAM FLORES

MAYNARD OWEN WILLIAMS | 1926

Défilé de géants au carnaval de Nice.

JAMES L. STANFIELD | 1993

Concert improvisé dans une taverne pragoise, en l'honneur d'un dissident tchèque révéré.

SAM ABELL | 1995

CI-CONTRE : Apparition fantasmagorique au coin d'une rue de Venise, un soir de carnaval.

WILLIAM ALBERT ALLARD | 1995

PAGES SUIVANTES : Discuter tout un après-midi de politique et de football à la terrasse d'un café d'Alcara di Fusi (Sicile) est l'un des plaisirs de la retraite.

S. NICOLO

L'ASIE

ORIENT ÉTERNEL

L'Asie

d'après Daisann McLane

« Une terre si orientale, riche en scènes si singulières, en coutumes si étranges… » rapportait le photographe William W. Chapin, en novembre 1910 dans *National Geographic*. En décrivant ainsi la Corée, il livrait à ses lecteurs une vision de l'Asie qui allait longtemps faire écho dans l'imagination des Occidentaux et que d'innombrables photographes allaient tenter de reproduire en images.

Au début du XXe siècle, rares étaient les lieux qui fascinaient autant les Occidentaux que l'Orient. Les photographies rapportées de Corée et du Japon par W. Chapin – alors colorées à la main par un artiste japonais – allaient marquer les esprits. Aujourd'hui, ces images de la vie quotidienne à Séoul paraissent à la fois désuètes et presque ordinaires, et leurs tons sépia et rose passés font naître une certaine nostalgie. Pourtant, en 1910, elles eurent l'effet d'un formidable coup de projecteur sur des pays qui s'ouvraient à peine à quelques pionniers étrangers. Chapin écrivait alors à propos de la Corée qu'elle était « dangereuse,

HERBERT G. PONTING | 1924

PAGE 84 : Près d'Agra, en Inde, le tombeau de l'empereur Akbar, mort en 1605, vu à travers une délicate dentelle de pierre.

non seulement pour les étrangers qui débarquaient sur ses côtes, mais aussi pour les autochtones qui leur avaient donné asile ». Les photographies de cette « terre si orientale » emportèrent instantanément l'enthousiasme des lecteurs, et jouèrent un rôle important dans le succès immédiat, et même futur, du *National Geographic*. Le numéro de novembre 1910 fut si bien accueilli que Gilbert H. Grosvenor, alors président de la société, décida de donner régulièrement à la photographie en couleur sa place dans les pages du magazine. Ainsi, de façon très concrète, la publication de photos de l'Asie a marqué une étape significative dans l'aventure novatrice du *National Geographic*.

Certaines images de l'Asie reproduites dans ce livre sont extraordinairement belles, d'autres sont plus provocantes, voire dérangeantes. Considérées dans leur ensemble, elles impressionnent tout d'abord par leur diversité. Les prises de vue de paysages ruraux et de curiosités orientales, réalisées par William Chapin et ses pairs au début du XXe siècle, ont laissé la place à une image plus fidèle du plus grand et du plus peuplé des continents. L'Asie apparaît comme le berceau de grandes civilisations et de multiples cultures et vocations, depuis les Khmers d'Angkor – aujourd'hui éteints – aux lutteurs de sumo du Japon contemporain.

Le temps et l'expérience ont fini par avoir raison de ces vieilles visions stéréotypées d'une Asie exclusivement exotique. Notre regard sur le continent s'est élargi, opérant une fusion entre le passé et le présent. Depuis près de cent ans, les reporters du *National Geographic* qui couvrent ce continent n'ont cessé d'explorer les thèmes de l'Asie traditionnelle et de l'Asie moderne.

Bien mieux que l'écriture, qui ne pourrait comme elle décrire contrastes et contradictions, la photographie est à même de dépeindre l'Asie comme un univers où les siècles se chevauchent et coexistent. Il faudrait à un auteur des centaines de mots pour dire comment certaines sociétés marient modernité et coutumes ancestrales ; une seule prise de vue suffira au photographe. Prenez *L'adieu aux hôtes* de John Launois. Prise vers 1960, la photo montre un groupe d'employées japonaises devant leur *ryokan*, une auberge, à Matsuyama, célèbre station thermale. Vêtues de kimonos éclatants, elles saluent d'un même mouvement un homme assis à l'arrière d'une superbe voiture américaine des années 1950. Bien des lecteurs de ce numéro de *National Geographic* auront alors pensé que les pratiques modernes, ou présumées telles à cause de la voiture, sortiraient gagnantes de cette confrontation entre le passé et le présent... or, le temps a prouvé le contraire. Soixante années ont passé depuis la première publication de cette photo, et, aujourd'hui encore, tout visiteur quittant son hôtel de Matsuyama reçoit des adieux similaires.

Tradition contre modernité, tel est également le thème du *Cobra royal* de Mattias Klum. Publiée dans le numéro de novembre 2001, cette fascinante photographie prise en Thaïlande montre un charmeur de serpent, chaussé de baskets, assis à portée de crocs d'un serpent venimeux en plein mouvement.

Un autre aspect se dégage de cet ensemble d'images : d'une façon directe, sans ironie ni effets sophistiqués, beaucoup des clichés contemporains décrivent tout simplement l'Asie telle qu'elle est. Ils n'exploitent aucun thème particulier, en évoquent sans doute plusieurs en même temps, et l'on peut interpréter chaque prise de vue au premier degré ou bien y chercher ce que l'on désire. Si, par exemple, on observe la photographie d'Angkor de Steve McCurry représentant les pierres croulantes du temple de Preah Khan, on y percevra le caractère éphémère d'une grande civilisation. On pensera aussi, avec tristesse, au martyre des Cambodgiens, dans les années 1970, lorsque les Khmers rouges instaurèrent un régime communiste radical sous lequel famines, maladies et exécutions sommaires firent plus de deux millions de victimes.

Parmi les photos les plus saisissantes du livre, on compte celles de Kowloon, à Hong-Kong, et de Shanghai en Chine – métropoles modernes envahies d'enseignes lumineuses et de gratte-ciel élancés. Ces étranges paysages de cités modernes se passent de toute interprétation.

Avides de fixer sur la pellicule les gens et les lieux, les photographes en oublient souvent la beauté naturelle et l'étourdissante vie animale qu'offre le continent. Mais quand ils se penchent sur la face sauvage de l'Asie, les résultats sont spectaculaires. Jetez un coup d'œil aux verts et aux rouges chatoyants de l'étonnant gros plan d'un calao dans la forêt tropicale indonésienne, œuvre de Tim Laman ; ou arrêtez-vous sur sa photo, prise sur le vif, d'un singe nasique bondissant, son bébé fermement accroché à son cou.

Les photographies de cet ouvrage, sans artifice et chargées de toute la beauté des multiples facettes de l'Asie, proposent une vision que tout voyageur reconnaît et porte dans son cœur. Si William Chapin et ses contemporains pouvaient scruter l'Asie d'aujourd'hui à travers ces « fenêtres », sans doute apprécieraient-ils, eux aussi, ce qu'ils y verraient.

L'ASIE | LES PAYSAGES

Des villes grouillantes et une étonnante palette de paysages. Voici quelques-uns des surprenants visages de l'Asie, où vivent les trois-cinquièmes de la population mondiale. Avec des profils sociaux, religieux et économiques très hétéroclites, les cultures asiatiques tissent une toile de fascinations infinies.

NEC
中国春兰
Canon
立邦漆
Cartier
开利空调
SIEMENS
市容整洁

JOE MCNALLY | 1999

PAGES PRÉCÉDENTES : Le relais de la chaîne de télévision Oriental Pearl TV («Perle de l'Orient») surplombe de ses 468 mètres la ville nouvelle de Pudong, à Shanghai (Chine).

JAMES L. STANFIELD | 1991

CI-CONTRE : Rayon de soleil sur un monastère fortifié, au Bhoutan. Selon la légende, le maître Rimpoche chassa les esprits maléfiques du pays en parcourant l'Himalaya sur le dos d'un tigre volant.

JAMES L. STANFIELD | 1981

PAGES SUIVANTES : Bouilli et lavé au battoir de Dhobi Ghat, «le ghat des laveurs», à Karachi (Pakistan), le linge sèche en files interminables.

JOHN SCOFIELD | 1962

PAGES 94-95 : Ce policier s'applique à régler la circulation anarchique de Nathan Road, à Kowloon, l'une des artères commerçantes les plus agitées de Hong-Kong.

Sanda
SHOES
NUNN-BUSH
SHOES

GRILL ROOM

En Asie, une présence sacrée incarnée par un enfant témoigne de la force de la religion. Comme le petit Bouddha de Guya, « enfant dieu » au Tibet dans les années 1920, les enfants doivent souvent assumer des rôles dans la société, qu'il s'agisse de garder les buffles ou de distraire les hôtes d'une maison de thé. Une fois adultes, leur vie devient plus rude, qu'ils soient agriculteurs, pêcheurs ou commerçants.

La société asiatique s'est ouverte sur le monde moderne, tout en conservant ses coutumes ancestrales. « C'est cette continuité sans faille du passé et des croyances qui me ramène toujours en Asie », dit le photographe Steve McCurry. La vie y est rythmée par les rituels ; ainsi l'art du sumo, au Japon, a conservé les règles qui rappellent son origine sacrée.

BRUCE DALE | 1980

PAGES 96-97 : Les élégantes de Shanghai (Chine) confiaient leur délicate chevelure à ces étranges fers à friser mis au point dans les années 1930.

JOHN CLAUDE WHITE | 1920

PAGES 98-99 : Tout l'héritage culturel mongol transparaît dans les riches vêtements portés par ces jeunes femmes népalaises.

JAMES L. STANFIELD | 1991

PAGES PRÉCÉDENTES : Les actrices d'un opéra, près de Quanzhou (Chine), apportent une dernière retouche à leur maquillage traditionnel avant d'entrer en scène.

JAPANESE GOVERNMENT RAILWAY | 1942

CI-CONTRE : Une ménagère de Beppu (Japon) fait cuire ses œufs à la chaleur émise par les sources chaudes qui alimentent également les fourneaux de toute la ville.

JOSEPH ROCK | 1928

C'est vers 1920 que cet enfant, alors âgé de 6 ans, fut reconnu par des Tibétains comme la réincarnation du Bouddha de Guya.

JAMES P. BLAIR | 1993

PAGES PRÉCÉDENTES : Pendant que son troupeau se baigne dans la rivière Turag, à l'ouest de Dhaka (Bangladesh), ce jeune bouvier s'amuse à plonger du dos d'un buffle.

TAIWAN GOVERNMENT | 1920

CI-CONTRE : Orchestre de toutes jeunes filles, dispensant de la musique chinoise traditionnelle dans une maison de thé taïwanaise.

PEPSI

ROBB KENDRICK | 1998

Si cet aqueduc imposant apporte l'eau vers les quartiers aisés de Bombay (Inde), les habitants des bidonvilles qu'il traverse doivent se contenter de partager des robinets publics.

W. ROBERT MOORE | 1936

Tenus en laisse et munis d'un collier qui les empêche d'avaler leur prise, ces cormorans japonais dégurgitent les poissons dans le bateau de leur maître.

ROBB KENDRICK | 1997

CI-CONTRE : Présentation des lutteurs sumo au cours de la cérémonie précédant un tournoi. Ce sport, très ancien, trouve son origine il y a environ 1500 ans.

JOHN LAUNOIS | 1960

PAGES SUIVANTES : Les employés d'un hôtel de Matsuyama (Japon) saluent le départ d'un de leurs clients selon un cérémonial parfait.

L'ASIE | LA VIE SAUVAGE

Prises en étau entre une population humaine croissante et un milieu naturel en déclin, de nombreuses espèces animales d'Asie sont en voie de disparition. Le commerce illégal d'organes d'animaux – consommés comme remèdes populaires ou mets rares – menace tragiquement certaines espèces, et peut avoir des répercussions sanitaires mondiales, comme on l'a vu récemment. Lors d'un voyage en Inde, relaté dans le *National Geographic* de novembre 1924, le général de brigade William Mitchell raconte que son hôte, le Maharadjah de Surguja, avait personnellement tué plus de 250 tigres !

TIM LAMAN | 1999

PAGES PRÉCÉDENTES : Les animaux de la forêt tropicale humide se distinguent parfois de manière très spectaculaire, ainsi le calao à casque rouge de l'île indonésienne de Sulawesi.

ERNEST B. SCHOEDSACK | 1928

CI-CONTRE : Perché sur le dos d'un buffle domestique, un enfant de fermier chemine à travers champs, en Thaïlande.
Cette photo est parue pour la première fois dans un article du *National Geographic* sur les «peuples de la jungle» et «les animaux sauvages dans le nord du Siam».

MICHAEL NICHOLS | 1997

Indifférent à la proie potentielle qui l'observe avec circonspection, un tigre, sans doute repu, s'abreuve à Bandhangarh (Inde).

L'AFRIQUE ET LE MOYEN-ORIENT

BERCEAU DE VIE ET DE FOI

L'Afrique

d'après Douglas Bennett Lee

L'Afrique peut être considérée comme le plus vieux des continents, une terre ancrée depuis son origine, alors que d'autres se sont séparées du grand continent primordial de la Pangée pour voguer au loin selon les « marées » de la tectonique des plaques. Elle est aussi le berceau de l'humanité – les plus anciens fossiles humanoïdes y ont été découverts.

Aujourd'hui, ceux qui abordent pour la première fois le continent éprouveront sans doute une sensation de familiarité, étrange et irrésistible, l'impression de revenir chez soi dans un lieu où l'on n'est pourtant jamais venu. Certains diront que ce sont les images de l'Afrique transmises par les livres et les magazines qui en sont la cause. Le *National Geographic,* notamment, a publié sa première photographie du continent dans les années 1890. Les films, la télévision et même les moyens vidéo, qui mettent la réalité de l'univers africain à la portée de nos écrans, ont certainement largement contribué à le faire connaître. Mais la véritable origine de ce sentiment est sans doute beaucoup plus profonde.

LEHNERT ET LANDROCK | 1911

PAGE 126 : Les peuples du Sahara ne manqueront jamais de remercier Allah pour la beauté et les bienfaits du désert qu'ils habitent.

C'est ici que nos ancêtres sont devenus des hommes, et la mémoire de ces temps reculés est sans doute imprimée dans nos gènes de façon indélébile .

La toute première confrontation avec un lion dans la savane peut ranimer certains de ces souvenirs ancestraux. La vue d'un grand mâle au sommet de sa puissance, paisiblement endormi au cœur d'une vaste plaine ou rugissant de colère, ses énormes yeux jaunes lançant un furieux regard de défi, provoque d'instinct le respect – même dans la position avantageuse que procure un véhicule de safari sûr et confortable. Impressionnés, on observe la scène, en proie à une troublante bouffée d'émotions contraires, mélange de frayeur et d'admiration, revivant l'un des plus anciens périls de l'humanité : les grands prédateurs d'Afrique. Les images d'une nature peuplée de créatures armées de crocs et de griffes sont sans doute les représentations de l'Afrique que les lecteurs du *National Geographic* du siècle passé reconnaissent le mieux. Et celles des populations qui vivent sur ce continent ont également illustré le magazine de façon splendide. L'Afrique est peuplée de centaines de groupes ethniques, répartis en 51 nations, dont certaines ont été déchirées par des troubles et des violences lorsque prit fin, dans la seconde moitié du XXe siècle, la domination coloniale européenne présente depuis un demi-millénaire. Aujourd'hui, malgré les cicatrices de l'histoire, les puissantes croyances et coutumes qui définissaient l'Afrique pré-coloniale sont toujours très vives derrière le masque trompeur de la modernité.

Si l'Afrique est le berceau de l'humanité, alors le Moyen-Orient doit compter parmi ses temples. C'est ici que naquirent les trois grandes religions monothéistes – le judaïsme, le christianisme et l'islam – et les lieux où elles se sont développées continuent d'être vénérés par la grande majorité de la population mondiale. C'est là aussi, dans le croissant fertile mésopotamien, entre le Tigre et l'Euphrate, que sont nées les premières villes. Mais dans le sillage de la civilisation urbaine sont arrivées les guerres, qui n'ont cessé depuis lors de bouleverser la région.

L'une des zones les plus troublées du Moyen-Orient est située sur la rive ouest du Jourdain, là où Jérusalem – ville sainte tant pour les musulmans que pour les chrétiens et les juifs – a été fondée il y a plus de 3 000 ans. À 25 km environ au nord-est se trouve une ville encore plus ancienne, Jéricho. Elle fut édifiée à côté d'une source perpétuelle jaillissant dans la plaine aride au nord de la mer Morte. Il y a quelque 10 000 ans, peu après que l'élevage et la culture furent maîtrisés dans les proches régions d'Asie orientale, un mur de pierres fut érigé tout autour de Jéricho. Les vestiges de ce mur furent mis au jour, ainsi que ceux d'une tour en pierre de 10 m de haut, attestant l'existence d'une société qui construisait déjà d'impressionnants édifices publics, cinq millénaires avant que les Égyptiens n'élèvent des pyramides ou que les Mésopotamiens ne bâtissent des ziggourats.

Le mur de Jéricho devait protéger ses habitants contre les invasions et les razzias des nomades. Envahie à maintes reprises, plus d'une fois saccagée et incendiée, la cité de Jéricho a su se relever encore et encore pour s'épanouir dans son oasis de la vallée du Jourdain, nourrie par les sources artésiennes et prospérant grâce aux anciennes grandes routes des caravanes.

Sur ces voies marchandes ancestrales, le commerce du cuivre, de l'obsidienne, du lapis-lazuli et des coquillages fleurissait déjà des centaines d'années avant qu'un mur ne ceigne Jéricho. Plusieurs millénaires plus tard, le Proche-Orient allait devenir un carrefour de première importance, où Orient et Occident allaient communiquer et échanger idées et marchandises. La Route de la soie traversait les régions reliant l'Europe à la Chine, et celle des épices à l'Inde et l'Asie du Sud-Est. Civilisations rayonnantes et tolérantes, les sociétés islamiques du Proche-Orient et de l'Afrique du Nord allaient atteindre leur apogée, à l'aube du second millénaire.

Deux des grandes villes saintes de l'islam – La Mecque, ville natale du prophète Mahomet, et Médine, celle où se trouve son tombeau – sont situées en Arabie Saoudite. Jérusalem marque l'ancrage des trois grandes religions, qui se sont répandues bien au-delà du Moyen-Orient. À l'occasion de sujets consacrés aux croyances dans le monde, *National Geographic* a fait pénétrer ses lecteurs au plus profond des sanctuaires de La Mecque et des tombeaux de Jérusalem.

Le judaïsme, la plus ancienne religion monothéiste, est présent dans toutes les parties du monde. Ses fidèles les plus nombreux se comptent en Israël et aux États-Unis. Le christianisme, dont les premiers adeptes, au premier siècle de notre ère, ont été des juifs de Palestine, s'est répandu dans l'Empire romain pour devenir la religion dominante dans toute l'Europe, puis a été introduit en Amérique, en Australie, en Océanie et dans certaines régions d'Afrique et d'Asie. L'islam, fondé sur la révélation faite à Mahomet au VIe siècle de notre ère, s'est répandu des déserts d'Arabie à l'Égypte, à la côte méditerranéenne africaine, aux frontières méridionales du Sahara, et au-delà, à l'Espagne, l'Europe Orientale et Centrale et l'Asie.

Depuis 1948, le conflit entre l'État hébreu et les pays arabes a dominé les relations entre les fidèles des trois croyances. Pour un certain nombre des quelque deux milliards de musulmans, l'exaspération face à des régimes inamovibles et une évolution sociale limitée ont conduit à la marginalisation croissante et rapide d'un islam radical.

De telles passions sont exacerbées par la confrontation entre les mentalités et les modes de vie des pays arabes d'une part – des grandes nations productrices de pétrole, outrageusement riches, mais aussi des pays pauvres qui les entourent – et des pays occidentaux d'autre part (qu'il s'agisse de loisirs, de média, de droit de la femme et de démocratisation) qui pénètrent au Moyen-Orient par le biais des produits de consommation. Sans parler des sentiments de frustration que font naître ces valeurs et ces biens chez ceux auxquels ils restent inaccessibles. Une situation qui a fait le jeu des mouvements fondamentalistes islamiques : les jeunes générations, parmi lesquelles le chômage fait des ravages, à qui l'avenir n'a jamais semblé plus incertain, sont les premières cibles de discours promettant un retour à l'âge d'or de l'islam par l'éradication – de façon violente, si nécessaire – de toutes valeurs ou de tous biens « infectés » par l'influence occidentale. Les différentes formes du Printemps arabe, de 2010 à 2012, ont pourtant montré que l'islam n'était pas incompatible avec une volonté de transition démocratique.

Si depuis le début du XXe siècle la prospérité du Proche-Orient a été synonyme de pétrole, l'Afrique n'a cessé, depuis des siècles, d'attirer les convoitises en raison de ses ressources (ivoire, peaux, oiseaux et animaux exotiques) et, jusqu'à une période relativement récente, pour la traite des esclaves. Durant des centaines d'années, des millions de Noirs africains ont été vendus par des trafiquants dans le monde arabe et méditerranéen, et en Amérique du Nord et du Sud, où ils sont devenus une des premières et des plus importantes populations immigrées. En traversant – pour leur malheur – l'océan Atlantique, les Africains ont apporté leurs traditions qui forgent aujourd'hui pour une grande part les cultures du Nouveau Monde.

L'Afrique contemporaine, tout particulièrement subsaharienne, fait plutôt parler d'elle pour les troubles qui la bouleversent : guerres quasi endémiques, dictateurs obstinés, famines (souvent liées aux dictatures), économies stagnantes, épidémies mortelles comme celles de la malaria ou d'ebola, destruction de la forêt tropicale ou d'autres ressources naturelles. Le produit d'exportation le plus lucratif d'Afrique, les diamants, ont été salis par ce qu'on appelle les « diamants de sang », vendus illégalement à l'étranger pour financer des conflits, des insurrections et autres pillages des immenses richesses naturelles du continent.

Mais au-delà de ce qui alimente les grands titres de journaux, l'histoire de l'Afrique est extrêmement riche et attachante. Dans l'extrême sud, Nelson Mendela a permis à ses concitoyens, d'une manière étonnante et tout à fait légale, de passer de l'ère de l'apartheid à celle de l'équité sociale et politique, faisant de l'Afrique de Sud la première puissance économique du continent. En Afrique équatoriale, des financements locaux et internationaux ont aidé à préserver chimpanzés, bonobos et gorilles des jungles montagneuses des pressions d'une population humaine toujours grandissante. Soutenues par la National Geographic Society et rendues célèbres par le magazine, Jane Goodall a exploré les mondes secrets des chimpanzés dans la jungle ; Dian Fossey a nourri une passion (qui lui fut mortelle) pour les gorilles ; et Penny Paterson a appris au gorille Koko à parler par symboles et à utiliser un appareil photo, faisant de lui un héros, le seul animal photographe en couverture du *National Geographic* !

La plupart des grands groupes tribaux du sud du Sahara possèdent la même racine linguistique bantoue, dispersée il y a plus de 3000 ans par les migrations successives vers le Sud des populations originaires des régions équatoriales. C'est ainsi que des peuples vivant à grande distance ont hérité de coutumes et de traditions similaires.

Il existe deux exceptions notables, les Pygmées des forêts tropicales, au Centre du continent, et les San, également appelés Bochimans, du désert du Kalahari, dans le Sud. Ces groupes étaient sédentarisés bien avant les Bantous, qui les délogèrent de la majeure partie de leurs territoires d'origine.

Les Bochimans habitent la mer de sable du Kalahari depuis au moins 50 000 ans, une durée non négligeable au regard des 150 000 ans depuis lesquels l'homme moderne marche sur la Terre. Au cœur du désert du Kalahari, au Botswana et en Namibie, les Bochimans occupent les mêmes lieux que des milliers de générations d'ancêtres – pratiquant aujourd'hui encore les mêmes techniques de chasse et de cueillette – dont l'existence nomade était guidée par les saisons, les pluies et les migrations animales, et non par une quelconque frontière géographique. Vivant en symbiose avec leur milieu désertique, ces peuples doivent leur longévité à leur nomadisme ancestral, qui a su tirer profit d'un environnement rude mais secrètement généreux.

En explorant les diverses cultures africaines depuis maintenant plus de 100 ans, le *National Geographic* a trop souvent observé la menace qui pèse sur certains modes de vie ancestraux. Ces dernières années, les gouvernements des pays du sud de l'Afrique ont par exemple obligé les Bochimans à mettre un terme à leur vie errante de chasseurs, sous prétexte de faire profiter l'ensemble de leurs citoyens des atouts du XXIe siècle, qu'ils y soient disposés ou non. De façon tragique, ces sédentarisations forcées ont invariablement abouti à une déchéance spirituelle et physique, à l'alcoolisme et au malaise.

À mesure que la modernité frappe à la porte de l'Afrique, le passé s'estompe. Il existe une profonde confusion entre le rôle de chaque individu et sa place au sein de la communauté et entre son appartenance à une tribu ou à une nation. Pourtant l'esprit des anciens est très présent dans la société africaine. À la lumière des traditionnelles vertus de cette société, il ressort clairement que le bien commun passe bien avant l'intérêt privé. Le but de tout village est d'élever ses enfants, de subvenir aux besoins de ses adultes, et de procurer un foyer aux âmes des ancêtres qui continuent de bénir ou de condamner les actes de la vie quotidienne, intervenant ainsi sur le comportement de leurs descendants. Le destin de chaque enfant est de devenir un adulte capable d'assurer dans la continuité le bon fonctionnement du village. Tous sont observés par les esprits des anciens et instruits par les coutumes et traditions qui remontent aussi loin que l'aube de l'humanité.

La force et le salut de l'Afrique moderne tiennent sans doute dans ces idéaux ancestraux.

Continent des commencements, l'Afrique est traversée en son centre par l'Équateur. De part et d'autre, s'étendent des forêts tropicales, qui laissent place à des prairies, puis aux déserts. Représentant 20 % de la superficie totale des continents mais abritant seulement 17 % de la population mondiale, l'Afrique est le royaume des grands espaces, comme l'aride bassin de Makarikari. Les Africains vivent surtout sur les côtes et le long des lacs ou des fleuves, tel le puissant Zambèze.

CHRIS JOHNS | 1997

PAGES 132-133 : Cette invraisemblable passerelle se balance, sur une longueur de 220 mètres, au-dessus du fleuve Zambèze, à Chinyingi (Zambie).

GEORGE STEINMETZ | 1999

PAGES PRÉCÉDENTES : À Teguidda-n-Tessoumt (Niger), les sauniers puisent de l'eau saumâtre et la mélangent avec de la terre dans de vastes cuvettes ; puis ils déposent la boue obtenue dans des cuvettes plus petites jusqu'à l'évaporation de l'eau.

JODI COBB | 1987

CI-CONTRE : Seules les femmes peuvent pénétrer dans cette ancienne forteresse de l'île de Tarut (Arabie Saoudite), où une source leur permet de se baigner et de laver le linge.

Pour la plupart des Africains, travail est synonyme de labeur physique, comme le montrent ces images prises en 1906 et en 1931, où l'on voit des Noirs peiner dans les vergers ou dans les mines, propriétés de fermiers blancs. Aujourd'hui, près de 60% de la population subsistent péniblement grâce à l'agriculture, sur ce continent qui génère le plus faible rendement économique.

En Afrique noire, la vie de chaque tribu est régie par des traditions orales, qui contribuent à préserver la mémoire collective. Il existe des rites pour favoriser la santé, la prospérité des récoltes, ou encore accompagner les cérémonies de passage dans l'âge adulte. Toutes les grandes religions sont représentées, mais le chamanisme reste une puissante force spirituelle.

CHRIS JOHNS | 2001

PAGES PRÉCÉDENTES : Partie de chasse dans la province de KwaZulu-Natal, en Afrique du Sud ; cet homme et ses chiens fouillent les broussailles, à la recherche d'un gibier de choix, le rat de canne.

MICHAEL NICHOLS | 2001

CI-CONTRE : Les ouvriers des mines d'or de Minkébé (République centrafricaine) remuent la précieuse boue.

GARDINER F. WILLIAMS | 1906

Funiculaire rudimentaire pour le transport des mineurs de cette exploitation diamantifère sud-africaine.

WCS

MICHAEL NICHOLS | 2001

Le chercheur américain Michael Fay, spécialiste de l'écologie, et les membres de son expédition, épuisés, se reposent au camp de base de Minkouala, Gabon.

MELVILLE CHATER | 1931

Récolte des pommes par des femmes basutos dans la province de Prairie (Afrique du Sud).

MICHAEL NICHOLS | 2000

PAGES PRÉCÉDENTES : Ces danseuses bambendjelles narguent, pour l'éloigner, Enyomo-le-voleur, l'un des nombreux esprits qui hantent les forêts d'Afrique centrale.

LEHNERT ET LANDROCK | 1922

CI-CONTRE : Les pièces d'or qui décorent la coiffe de cette jeune femme de la tribu Ouled Nails (Afrique du Nord) constituent sa dot; elle les aura récoltées en dansant dans les ports de la Méditerranée.

CHRIS JOHNS | 1996

CI-CONTRE : Des villageoises des rives du Zambèze font une pause pour se faire bichonner dans le salon de beauté local.

CHRIS JOHNS | 1997

PAGES SUIVANTES : Ces danseurs makishi se produisent en l'honneur de ces jeunes garçons après leur circoncision (ouest de la Zambie).

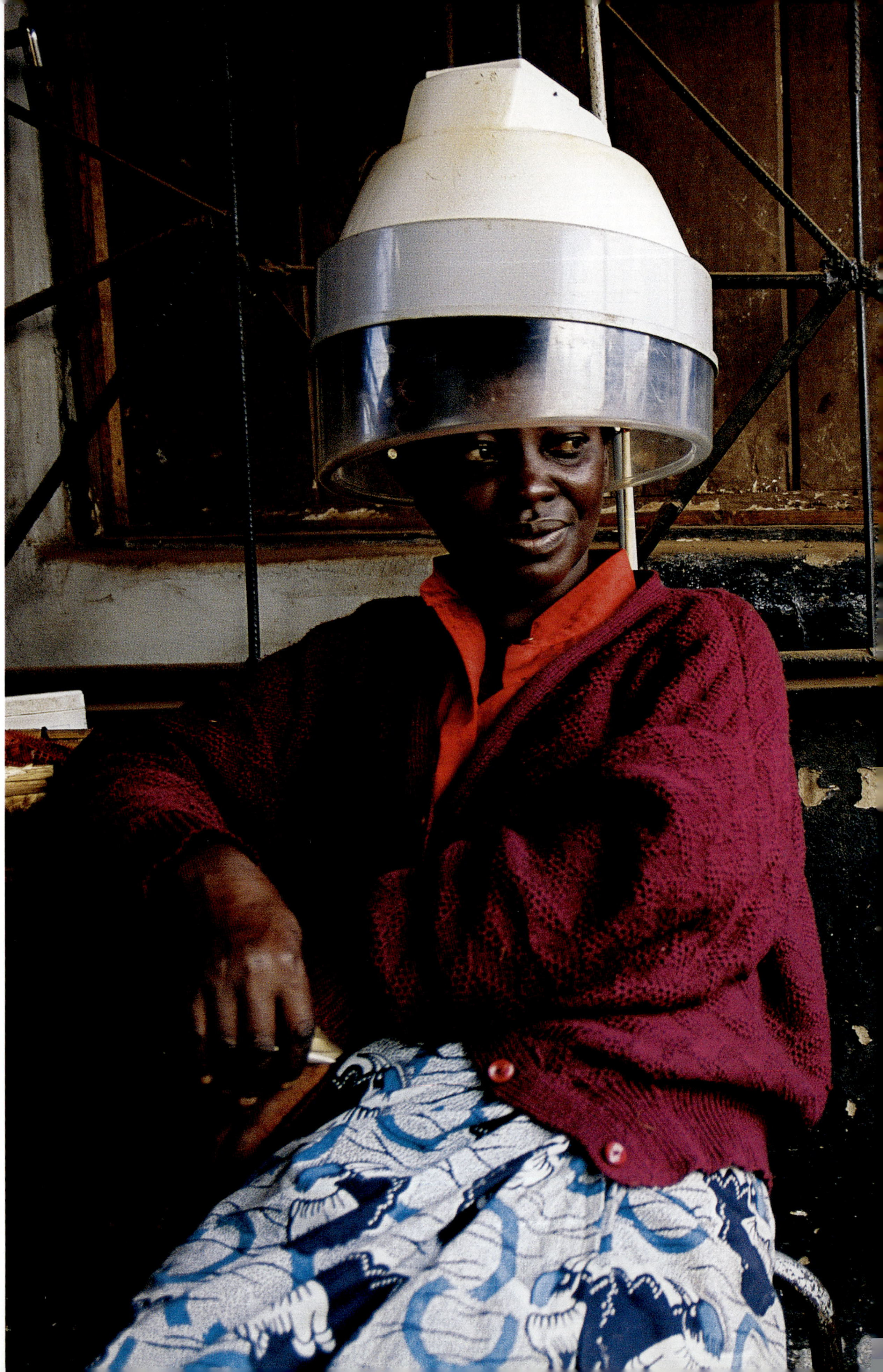

COWBELL®

CHRIS JOHNS | 2001

CI-CONTRE : Cérémonie de désenvoûtement en Afrique du Sud. Le bushman entre en transe pour tenter de délivrer une jeune fille du démon qui l'a poussée à dérober de la viande.

CHRIS JOHNS | 2001

PAGES SUIVANTES : Cette corde à linge barbelée délimite le lieu de vie d'un bushman, dans le désert du Kalahari, en Afrique du Sud.

L'AFRIQUE | LA VIE SAUVAGE

Arche précaire de la vie sauvage, l'Afrique abrite une profusion d'espèces. Des visiteurs du monde entier séjournent en Afrique australe et de l'Est dans l'espoir de voir les « Big Five » – le lion, le léopard, l'éléphant, le rhinocéros et le buffle, selon la vieille expression des chasseurs de trophées. Malheureusement, nombre d'espèces sont victimes du braconnage, de la déforestation et de l'extension des pâtures.

MICHAEL NICHOLS | 2002
PAGES 160-161 : Bébé babouin agrippé à sa mère, dans les montagnes éthiopiennes.

C.E. AKELEY | 1909
PAGES PRÉCÉDENTES : Photo d'un rhinocéros noir illustrant un récit de Sir Harry Johnston publié en mars 1909 par le *National Geographic* sous le titre : «Où Roosevelt va partir chasser».

CHRIS JOHNS | 2001
CI-CONTRE : Cette girafe de la réserve de Ndumo (Afrique du Sud) peut manger jusqu'à 70 kilos de feuilles et de branches par jour.

CHRIS JOHNS | 1999

Admirés pour leur vigueur et leur beauté, les guépards, rôdant ici dans la nuit namibienne, sont de redoutables prédateurs.

LES AMÉRIQUES

MERVEILLES DU NOUVEAU MONDE

ADOVA
INC

Les Amériques

d'après Sam Abell

Rendre compte du déroulement de la vie quotidienne en Amérique reste le sujet de prédilection du *National Geographic* dans sa version américaine – un magazine pourtant renommé pour ses reportages à l'étranger. Chaque numéro américain contient au moins un article sur les États-Unis, un thème certainement très bien maîtrisé par les rédacteurs et les photographes, et très prisé des lecteurs. Les pays les plus fréquemment abordés par ailleurs sont le Canada, le Mexique et les autres nations d'Amérique centrale et du Sud.

Depuis les tout débuts du magazine, ses photographes ont été amenés à illustrer l'exploration et la colonisation des Amériques. Ce travail exhaustif semble n'avoir négligé aucune scène ou événement, les mêmes lieux et personnages ayant parfois été photographiés à de nombreuses reprises.

Envoyé en reportage au Mexique, David Alan Harvey traversait un village maya reculé lorsqu'il rencontra un homme qu'il avait photographié bien des années

WILLIAM ALBERT ALLARD | 2000

PAGE 170 : Jour de fête à Boston, au cœur de l'été. Les Italo-Américains couvrent d'offrandes la statue de saint Antoine, afin qu'il exauce leurs voeux.

auparavant. Celui-ci avait peu changé, était habillé des mêmes vêtements traditionnels qu'Harvey lui avait vu porter lors de leur première rencontre. Bien plus encore, il avait toujours l'allure qui avait donné toute sa dignité au premier portrait paru dans le *National Geographic*. Harvey avait avec lui un exemplaire de l'ancien numéro. Il plaça le magazine ouvert entre les mains de l'homme. Puis il le fit poser contre le même mur turquoise délabré et prit un autre cliché avec le même éclairage. Dans le double portrait, les seules différences notoires sont celles, subtiles, dues à l'action du temps... Cela en dit long sur la nature des relations qu'entretient *National Geographic* avec le sujet du reportage, les photographes et les lecteurs. Le temps a été le plus grand cadeau fait aux trois parties. Il fut une époque où les photographes passaient souvent des mois sur le terrain, et certains spécialistes plusieurs années sur leurs sujets favoris. Le travail de David Alan Harvey sur les cultures des Antilles et des Amériques dure ainsi depuis 30 ans.

Véritable référence, cette façon de travailler et de vivre a vu le jour lors des années qui ont suivi la guerre de Sécession, lorsque des hommes comme William Henry Jackson ont entrepris des enquêtes photographiques approfondies sur l'Ouest américain. Avant les travaux de Jackson, qui ont contribué à la création du parc national de Yellowstone, les seules représentations des Rocheuses étaient orales, écrites ou peintes – souvent très colorées, mais pas toujours réalistes. Les images rapportées par le photographe étaient des transcriptions visuelles fidèles et dignes de foi. Dans le sillage de Jackson est née une génération de photographes dont P.G. Gates, Carl J. Lomen et Edward S. Curtis. Leur travail, qui les mena jusqu'au Canada et à l'Alaska, devait s'accomplir dans l'urgence. Car un nombre croissant de colons se déversait vers l'Ouest – une des conséquences de l'enthousiasme suscité par les photos de Jackson – et les modes de vie séculaires des indigènes américains s'étiolaient.

Au tournant du XXe siècle, la colonisation des États-Unis était donc devenue un sujet récurrent au *National Geographic*. Toutefois, quelques photographes intrépides ont poursuivi ce genre d'investigation très avant dans le siècle, plus particulièrement en Amérique du Sud.

Sur le modèle de Jackson et de Curtis, les photographes Loren McIntyre et Jesco von Puttkamer ont travaillé dans les régions les plus reculées d'Amazonie, pendant les années 1970 à 1990. À la manière de Jackson, leurs clichés des forêts tropicales et des fleuves brésiliens étaient destinés à mettre en valeur la beauté de la jungle inexplorée et à témoigner de la nécessité vitale de préserver l'environnement. Comme celles de Curtis, leurs photos des habitants des forêts sont autant de témoignages des modes de vie traditionnels des indigènes, avant que ces derniers ne commencent à changer au contact du monde moderne. Le portrait de McIntyre représentant un garçon au visage peint en rouge, en couverture du *National Geographic* d'octobre 1972, a toute la richesse et la puissance de ceux de Curtis un siècle plus tôt. Tous deux ont insufflé de la dignité à leurs sujets et créé des portraits au caractère poignant, celui qui émane des images des êtres dont on sait les jours comptés.

Au fil des ans, quelques étonnantes photos et découvertes ont été faites dans les Andes. Elles figurent dans les pages du *National Geographic*. En 1911 et 1912, au Pérou, Hiram Bingham s'est lentement déplacé en terrain difficile, sans cesser de photographier ce qui se déroulait sous ses yeux, avec toutes sortes d'appareils, dont un panoramique. Le point d'orgue de l'expédition a été la découverte du Machu Picchu, une cité inca perdue. Comme les photos de Yellowstone de Jackson, celles de Bingham, qui révélèrent la complexe architecture de pierres posée au cœur des cimes brumeuses des Andes, ont suscité un intérêt international et conduit à la restauration et la préservation du site. Plus tard, sur les plus hauts sommets des Andes, l'anthropologue Johan Reinhard découvrit des momies, conservées grâce à l'air froid et sec. Puis les photographies de Stephen Alvarez et Maria Stenzel à leur tour attirèrent l'attention du monde sur la culture inca.

Mais les sites anciens et les cultures disparues n'ont pas été les seuls centres d'intérêt des photographes en Amérique. *National Geographic* a assuré une couverture quasi continue de la société américaine. Dans cette culture nouvelle toujours en évolution, des poches de tradition et d'histoire ont cependant perduré ; le photographe William Albert Allard a trouvé une matière riche dans des sujets aussi variés que le baseball, le rodéo, le blues, les communautés amish et hutterite, ou encore William Faulkner.

L'intérêt porté par Jodi Cobb à la culture urbaine a livré diverses études photographiques sur deux grandes métropoles, New York et Los Angeles, tandis que de nombreux photographes, pendant des dizaines d'années, ont couvert la vie des petites villes, dans une série de reportages à l'échelle nationale, régionale et très locale.

LES AMÉRIQUES | LES PAYSAGES

La myriade de paysages offerts par les Amériques vont des landes glaciaires de l'Arctique canadien au luxuriant bassin tropical de l'Amazonie. Les vastes plaines du Nord font écho aux immenses prairies d'Amérique du Sud, tandis que tout le long de la côte ouest les plaques tectoniques, toujours en activité, ont fait surgir des cordillères escarpées. Des réserves naturelles protègent des paysages stupéfiants, canyons érodés de l'Utah, geysers et sources minérales de Yellowstone, premier parc naturel national créé dans le monde.

GEORGE STEINMETZ | 1998

PAGES 174-175 : Des milliards d'organismes vivants prospèrent dans les eaux bouillantes de la source Grand Prismatic (parc national de Yellowstone).

CHARLES GOODMAN | 1910

PAGES PRÉCÉDENTES : Le pont naturel d'Edwin (comté de San Juan, Utah) s'élève à 35 mètres du sol, et s'allonge sur plus de 60 mètres.

HIRAM BINGHAM | 1912

CI-CONTRE : Le site du Machu Picchu, bâti par les anciens Incas, loin dans les Andes péruviennes, fut découvert en 1911 par l'explorateur Hiram Bingham. Il prit cette photographie l'année suivante, après que son équipe eut passé plusieurs mois à dégager le site de la végétation qui s'en était emparé.

BAR
Hotel
the Consulate
Center Stage

JODI COBB | 1990
Les néons et l'animation tapageuse de Times Square, à New York, quartier des plaisirs et des spectacles.

Le commerce, en Amérique, reflète la disparité économique entre le Nord et le Sud, le Canada et les États-Unis distançant outrageusement les nations en voie de développement de l'Amérique centrale et du Sud. Pour autant, les pêcheurs de Terre-Neuve, sur cette photo de 1974, étaient loin de mener une vie luxueuse. Paisibles ou extravagants, les loisirs pimentent la vie des Américains. Les moments en famille ou entre amis restent les plus appréciés, que ce soit pour jouer quelques morceaux de blues dans le Mississippi ou se lancer dans une partie de base-ball en Arizona.

HENRY W. HENSHAW | 1924

Cette jeune Hawaiienne porte la jupe traditionnelle, transmise de génération en génération, et joue du ukulélé, une petite guitare devenue populaire à Hawaii dans les années 1880.

ANONYME | 1912

Le mari de cette femme inuit a servi de guide à l'explorateur Vilhjalmur Stefansson au cours d'un voyage dans l'Arctique canadien.

SAM ABELL | 1974

PAGES 186-187 : Pêche au filet dans les eaux de Terre-Neuve.

CHRIS JOHNS | 1994

PAGES PRÉCÉDENTES : Pour se déplacer sur les étendues marécageuses des Everglades, en Floride, on utilise toujours les modèles de canoës conçus par les Indiens séminoles.

O. LOUIS MAZZATENTA | 1980

CI-CONTRE : Des garçons vachers paraguayens s'accordent une pause sous la véranda de leur dortoir.

WILLIAM ALBERT ALLARD | 1982

CI-CONTRE : La Plaza de Acho, à Lima (Pérou), l'arène la plus ancienne du continent sud-américain, attire les toreros du monde entier.

WILLIAM ALBERT ALLARD | 1989

PAGES SUIVANTES : Travail aux champs pour les détenus du pénitencier d'état de Parchman, Mississippi, sous la surveillance d'un garde à cheval.

SAM ABELL | 2000

PAGES 196-197 : Malgré le vacarme de la fête qui se tient tout près de lui dans la maison de ses parents artistes, ce bébé de Seattle (État de Washington, États-Unis) dort comme un bienheureux.

G.A. GRANT | 1935

PAGES PRÉCÉDENTES : En quête d'émotions fortes, descente d'une dune abrupte du White Sands National Monument, Nouveau Mexique.

WILLIAM ALBERT ALLARD | 1991

CI-CONTRE : Entraînement de base-ball, près de Phoenix, Arizona.

WILLIAM ALBERT ALLARD | 1999

À Clarksdale, Mississippi, le blues est aussi une affaire de famille.

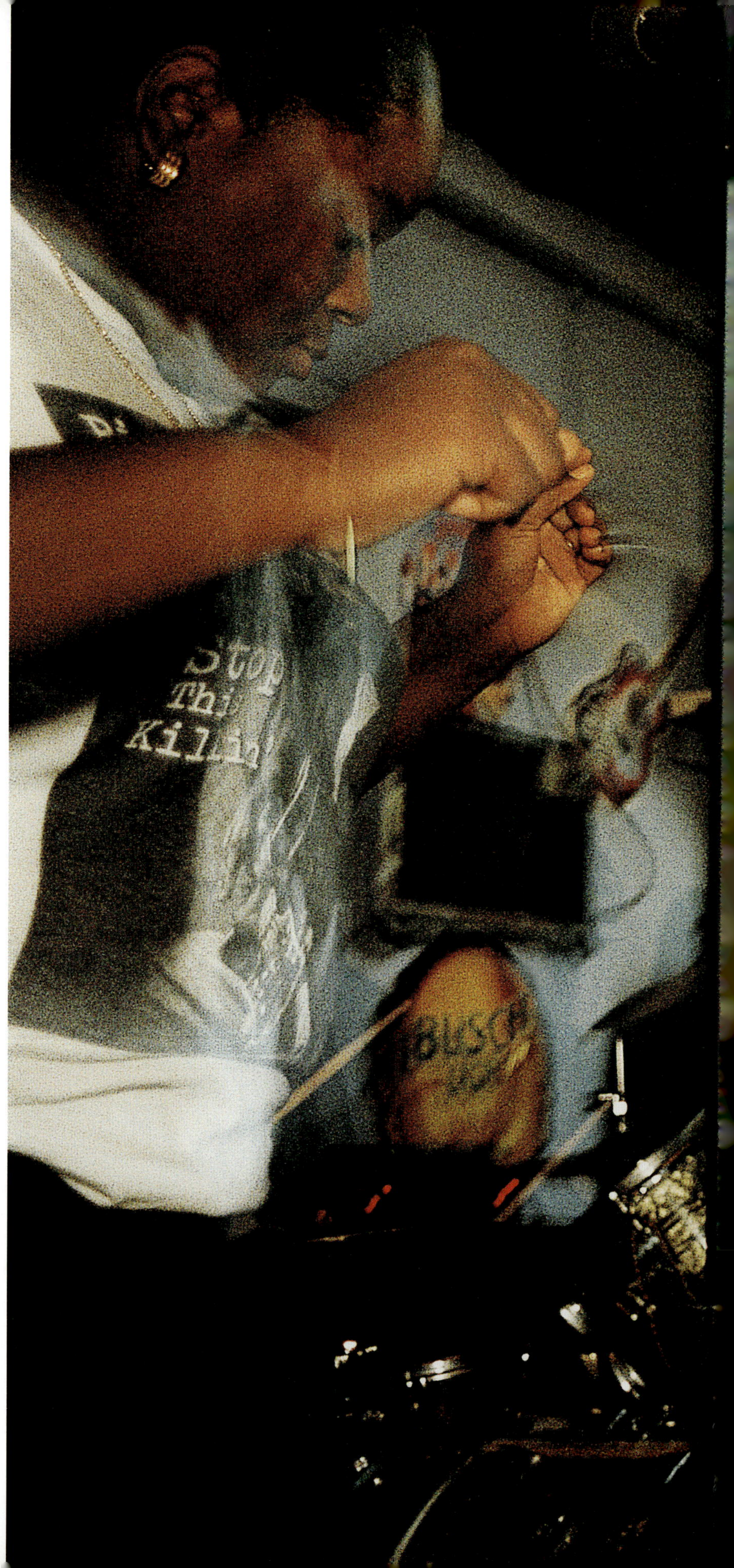

The
Got To
Stop

JOEL SARTORE | 1998

Première pièce au tableau de la battue annuelle organisée par la municipalité de Broken Bow, Nebraska : un faisan à collier.

Le loup gris symbolise la menace de disparition qui plane sur de nombreuses espèces animales sauvages. Ce prédateur féroce parcourait autrefois toute l'Amérique du Nord. Il ne hante plus aujourd'hui que le Canada, l'Alaska et quelques zones isolées de l'Ouest des États-Unis. De même le grizzly a-t-il été délogé de sa région originelle. Dans le *National Geographic* de mai 2001, Douglas Chadwick remarque que le rayon d'action du jaguar, de l'Argentine au Mexique, « autrefois un périmètre large et continu devient étroit et fragile ».

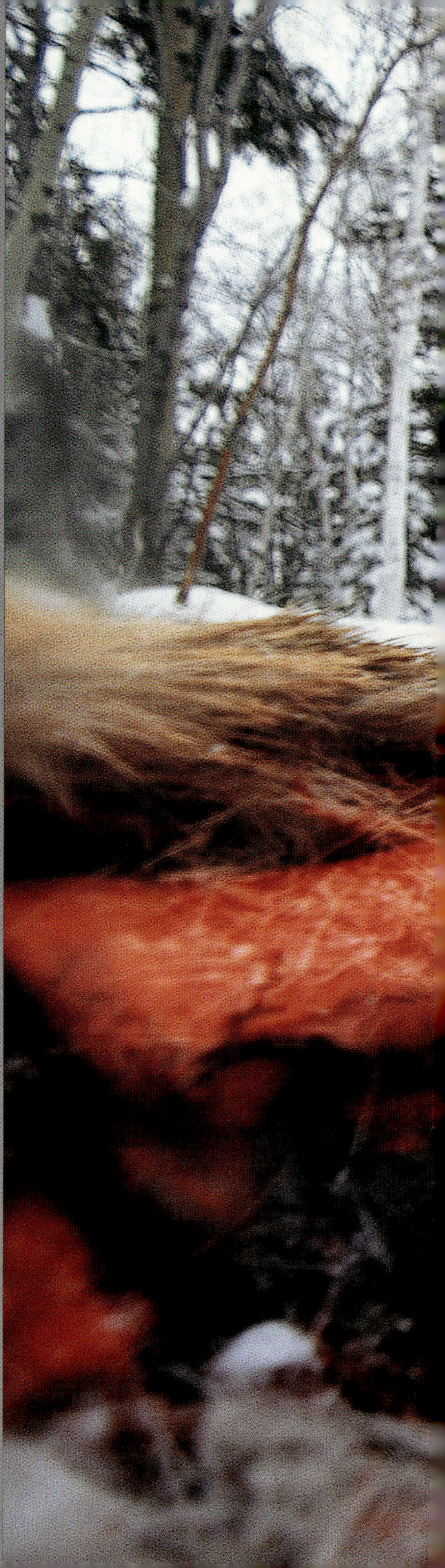

JOEL SARTORE | 1998

PAGES 206-207 : Festin de viande fraîche pour ce loup gris, une espèce tellement décimée par les chasseurs de l'Ouest nord-américain qu'elle frôla l'extinction.

STEVE WINTER | 1998

PAGES PRÉCÉDENTES : Dans la forêt guatémaltèque, un quetzal au plumage coloré, à la recherche de sa nourriture favorite – des petits fruits qui ressemblent à des avocats.

SAM ABELL | 1984

CI-CONTRE : Rencontrer un pronghorn, espèce endémique d'Amérique du Nord, est une expérience rare et inoubliable. Il peut courir à près de 90 km/heure. Seul le guépard est plus rapide.

GEORGE SHIRAS III | 1921

Effrayés par la lumière crue d'un flash, ces daims bondissent vers le couvert d'un bois proche du Lac Supérieur.

ÎLES ET OCÉANS

TERRES ET GENS DE LA MER

Îles et océans

d'après P.F. Kluge

Les images de ce chapitre témoignent de la grande quantité d'îles visitées durant de nombreuses années par les photographes du National Geographic – de l'Australie, « île-continent », à l'Islande, en passant par les minuscules atolls du Pacifique. Ils ont exploré les diverses humeurs des océans, découvert de spectaculaires royaumes sous-marins et sillonné les côtes de chaque continent. Leurs photos évoquent autant l'apparence de ces univers maritimes que l'atmosphère qui s'en dégage, contrées étranges ou endroits familiers.

L'attachement que certains d'entre-nous éprouvent pour les îles est souvent difficile à défendre et quelquefois impossible à ébranler. On les parcourt encore et encore, à la recherche de nouvelles découvertes ou fidèles à celles que l'on connaît déjà – faisant de nous les membres d'une confrérie secrète, une sorte de franc-maçonnerie unie par son amour des petits lieux. Pour ceux qui n'en font pas partie, notre passion est difficile à comprendre. La plus grande partie des terres de la planète sont rattachées aux continents. C'est là que l'histoire s'écrit, que les grandes nations naissent et meurent, que les grandes cultures fleurissent et fanent. Certes, de puissantes nations insulaires, comme la Grande-Bretagne ou le Japon, ont engendré de grands découvreurs et conquérants, et gagné et perdu des empires. Mais au regard des îles dans leur ensemble, elles sont des exceptions.

La plupart des îles sont de taille bien plus modeste, et celui qui s'y intéresse prend le risque d'être considéré comme un original ou un marginal. Désignez seulement quelqu'un de « continental » et vous entendrez qu'il possède des mœurs élaborées et une certaine aisance, où qu'il aille dans le monde. En revanche, le terme « insulaire » évoque des synonymes peu flatteurs comme « détaché », « isolé », « reculé » ou « fruste ». Les îles ont un côté provincial qui n'engage pas trop à s'y attarder. N'y prêtez pas attention. Si vous êtes un amoureux des îles, rien ne pourra vous empêcher de rêver à d'autres horizons insulaires, en dépit de l'attraction que peuvent exercer les plus rares sites de la planète. Vous connaissez quelque chose que les autres n'ont pas encore découvert, et c'est très bien ainsi. Îliens d'origine ou non, les habitants des îles préfèrent le petit au grand, la profondeur à l'ampleur, le particulier au général. Attirés par les îles ou conduits de force sur leurs rivages, ils les ont abordées en découvreurs ou en naufragés – volontaires ou accidentels. Certains y sont exilés, comme le fut Napoléon Bonaparte destitué, d'autres sont des célébrités en vacances, d'autres encore fuient la justice. Des héros de roman, comme les Docteurs Moreau et No, ont trouvé dans des îles un cadre parfait pour étendre leur cruauté. Mais, la plupart des amoureux des îles ne sont ni des instables, ni des agitateurs, ni des scélérats. Ce sont des penseurs, des oisifs, et – plus que tout – des rêveurs.

De quoi est fait ce rêve d'îles ? Il implique d'habiter dans un espace restreint – plus il est petit, mieux c'est. Une île trop vaste ne fait que troubler et compromettre les choses. Il vous faut une terre qu'il soit possible de parcourir en un jour ou à peine plus, où vous pourrez tout trouver assez facilement, et où la mer apparaisse toujours à l'horizon – pour ne jamais oublier que vous venez de loin et à quel point le reste du monde est éloigné de vous. Oubliez Manhattan, Singapour et Hong-Kong, ce ne sont des îles que dans un sens purement technique. Oubliez aussi les îles côtières, accessibles *via* un pont ou un simple bac, elles restent dans le champ de force du continent. Aussi belle et paisible soit-elle, on ne peut pas considérer une île comme authentique si les journaux y parviennent le jour même de leur publication, et si un long week-end suffit à la découvrir. La notion de distance est essentielle. Une île lointaine offre une chance de nouveau départ, une sorte d'examen de rattrapage pour étudiants égarés. C'est un lieu de retraitement de l'usagé et du vide, un programme de ressourcement pour tous ceux qui en auraient trop vu ailleurs.

Il existe toutes sortes de petites îles, souvent connues pour un seul de leurs aspects – une caractéristique naturelle, une activité particulière ou une production spécifique ; pour le reste du monde, elles semblent cataloguées à un seul titre. Il y a des îles à naufrage, comme dans *Robin-*

son Crusoé et *Les voyages de Gulliver*, *La Tempête* ou *Sa Majesté des Mouches*. Il y a aussi des îles-volcans, des atolls, des déserts, des îles-champs de bataille, des aimants à touristes, des paradis fiscaux, des exploitations de guano, des prisons, des forteresses, des spots de pêche, des mondes fantastiques...

Dans un sens, toute île est une terre enchantée, avant même que vous l'ayez abordée. Le rêve absolu, bien sûr, serait une île déserte, le genre de lieu que l'on voit sur les images. Quels livres emmèneriez-vous dans un tel endroit ? Quelle musique ? Quel compagnon idéal ?

Chaque fois que vous accostez sur une île, vous ressentez la même chose que si vous la découvriez pour la première fois. C'est un cadeau qui s'offre à vous, et vous foulez le sol d'une terre perdue – ou que vous aimez vous imaginer telle – dans une mer sans fin. Une fois à terre, vous accomplissez un rite, comme le Prospero de Shakespeare ou le Robinson de Defoe, observant tout autour de vous et prenant possession de votre territoire. Vous êtes aux côtés de Bougainville, arrivant sur Tahiti, ou avec Napoléon, jetant son premier regard sur Sainte-Hélène. Vous mesurez la distance parcourue et calculez vos chances de retour. Fuite et exil se confondent alors que vous songez à l'avènement d'une vie nouvelle et à la fin d'une autre.

La première sensation de la vie insulaire est une essence troublante. Dès le premier matin qui suit votre arrivée, vous pouvez la saisir, et elle vous marquera à jamais. S'agit-il de l'espace infini de la mer ou de la pérennité si particulière de la terre sur laquelle vous vous trouvez ? D'une certaine lourdeur de l'atmosphère, tout particulièrement sur les îles tropicales ? Vous ressentirez peut-être cette sensation de langueur et de velouté dans l'heure qui précède le lever du soleil, ou son coucher, quand la lumière passe de l'éclat à la douceur et que la brise se lève de la mer. Serait-ce aussi la mer, avec le flux et le reflux réguliers des marées, devenus un élément aussi important que l'inspiration et l'expiration ? Vous savourez bientôt le vent, devenez un expert en couchers de soleil, et explorez votre île, plage après plage. Vous chevauchez, marchez ou naviguez autour de votre univers, gravissez chaque colline ou chaque rocher escarpé faisant office de point culminant. Et, à chaque fois que vous jetez un coup d'œil à la mer, vous ne pouvez oublier la profondeur sous les flots, et le cycle de la vie et de la mort qui s'y joue.

Votre île est désormais un monde connu. Fascinés par l'histoire locale et les personnages du cru, vous l'avez délimité – et votre nouvelle vie vous plaît. Mais il vous reste quelques leçons à apprendre. La première est que votre île est généralement habitée par d'autres personnes, parmi lesquelles certains n'ont jamais vécu ailleurs. S'ils vous réservent un accueil chaleureux, ils ne vous accepteront peut-être jamais comme un des leurs. Si vous apprenez la langue, allez pêcher ou même vous mariez avec un autochtone, vous leur serez familier, ils vous accepteront et peut-être même vous aimeront-ils. Mais aussi délicat et généreux que vous puissiez être, vous ne serez jamais considéré comme un îlien. Vous le lirez dans les yeux et dans l'expression des gens, tout spécialement des anciens, qui ont vu tant de visiteurs aller et venir. Une marée vous amène, une autre vous remportera.

Les plus difficiles sont vos semblables, les expatriés. Ceux qui le sont de longue date vous observent, amusés par vos erreurs et votre enthousiasme de novice. Vous les regardez vous observer, et vous vous demandez si vous finirez comme certains d'entre eux, alcooliques et désœuvrés.

La seconde leçon que vous apprendrez est que ces îles changent. Il y a plus de 2 000 ans, le philosophe grec Héraclite disait : « Il est impossible de se baigner deux fois dans la même rivière ». C'est vrai aussi pour les îles. Considérez-les comme à la dérive sur le courant de l'histoire. Elles sont souvent des terres passives, incapables de maîtriser ce qui arrivera de par-delà les mers : vagues de missionnaires, de soldats, d'hommes d'affaires et de touristes ; de cinéma, de musique et d'argent étrangers. Et les îliens sont souvent à la merci de ceux qui les gouvernent, eux-mêmes avides de voyages. Pour chaque personne qui rêve d'une île, il y a un îlien qui rêve d'un ailleurs. Ces rêves parlent de développement, et toute initiative est jugée préférable à l'inaction. Vous verrez tailler les forêts, s'installer des terrains de golf, des usines de confection et des stations balnéaires, ou encore des eaux réservées à la pêche pour la flotte étrangère. Les entrepreneurs sont le plus souvent étrangers, tout comme les gens qui les payent, et les îliens occupent les fonctions d'intermédiaire, d'agent ou de prête-nom. Blanchiment d'argent, jeux de casino et pavillons de complaisance – difficile aujourd'hui de savoir ce qui rentre vraiment en compte.

L'île que vous aimez changera. Les îliens changent, eux aussi. Ils voyagent plus, regardent la télé et dansent sur des rythmes étrangers. Beaucoup vont poursuivre leurs études sur le continent, et ceux qui reviennent ne se laisseront certainement pas impressionner par ces étrangers à la recherche d'un paradis immuable. Votre rêve d'îles ne s'effacera pas, d'autres rêves le supplanteront.

Prenez la belle île de Saipan, aujourd'hui État-archipel du Pacifique occidental, et songez que ce que l'on peut en dire pourrait l'être de beaucoup d'autres îles.

Saipan fut un champ de bataille de la Seconde Guerre mondiale : durant l'été 1944, près de 3 500 Américains et dix fois plus de Japonais périrent sur ses rivages sablonneux, dans ses jungles escarpées et ses innombrables grottes calcaires. Après la guerre, l'île brûlée fut plantée de buissons pour arrêter l'érosion : ainsi des kilomètres de jeunes broussailles remplacèrent les alignements de cocotiers et les plantations de canne à sucre. Sur les plages gisaient des blockhaus en ruine et des barges de débarquement rouillées, éventrées et renversées, étaient toujours posées en travers des lagons. Des vestiges de bâtiments japonais et des cabanes colmatées de planches et de tôle servaient de maisons aux habitants de Saipan, qui se rendaient à leur travail dans des jeeps abandonnées par l'armée américaine. Pourtant aussi sordide que cela puisse paraître, Saipan était un lieu dont on tombait facilement amoureux dans les années 1960 : elle suppliait chaque nouveau venu d'apprendre à la connaître. Les villages concentrés le long de la plage sur la façade ouest offraient des kilomètres de côte aux promeneurs solitaires. Un rivage rocheux dangereux s'étendait sur l'autre face de l'île, et l'on pouvait trouver des plages vierges et incroyablement belles. L'intérieur des terres invitait les randonneurs à la découverte de crêtes obscures, de fortifications abandonnées et de plantations en friche, jamais plus visitées depuis des années, parsemées d'outils rouillés. Des crapauds avaient colonisé les citernes d'eau de pluie et les plantes des jardins étaient montées en graine.

Sur toute la largeur de la plage du débarquement, les barbecues du week-end venaient s'installer sur l'ourlet herbeux qui bordait le sable, à l'ombre des pins parasols. Essayez de vous représenter des grillades placées sur un morceau de tôle ondulée et arrosées de bière lorsque les flammes sont trop vives. Imaginez des plats de riz au safran, des caisses de bière, des conversations sans fin face à un spectaculaire coucher de soleil et sous une nuit étoilée. Histoires de guerre et de paix, de disputes familiales, de querelles de clochers et autres potins. Imaginez des fêtes qui tiendraient en éveil une demi-douzaine de petits hôtels, où les gens débattraient, plaisanteraient et chanteraient tandis qu'un juke-box sans âge diffuserait « *You are my sunshine* » et autres chansons des années 1940. Comment ne tomberiez-vous pas amoureux d'un tel endroit ? En le quittant, comment ne rêveriez-vous pas d'y revenir un jour ?

Vous, rêveur d'île, si vous y revenez aujourd'hui, vous aurez le cœur brisé : Saipan est devenue une Floride japonaise. La grande plage n'est plus qu'un mortel alignement d'hôtels. Les routes encombrées de véhicules et ponctuées de feux tricolores longent une ribambelle de boutiques pour touristes, de commerces d'alimentation franchisés, de salles de jeux débordantes de bandits manchots affamés. On y trouve des usines de confection et des quartiers remplis de travailleurs immigrés. La population de l'île tourne autour de 70 000 personnes, et compte des Philippins, des fermiers bangladais, des prostituées russes et des commerçants chinois. Tous les nouveaux arrivants ont fait des rêves eux aussi – plus de rêves qu'une aussi petite île ne peut en absorber. Vos vieilles connaissances sont moins nombreuses qu'avant et semblent plus distantes, même entre elles. Le tissu social autrefois très serré s'est effiloché. Plus peuplée et moins intime, l'île a désormais un caractère plus continental qu'insulaire.

Ce qui est vrai pour Saipan l'est sans doute aussi pour Grand Cayman, Key West, Bora Bora, Maui ou toute autre île dans le monde. Certaines des choses qui vous avaient autrefois captivé demeurent mais suffiront-elles à vous captiver encore ? Une chose est sûre cependant : la mer et les marées, les levers et les couchers de soleil et la chance de pouvoir envisager sa vie sur un espace restreint continueront toujours d'attirer des rêveurs.

ÎLES ET OCÉANS | ENTRE TERRE ET MER

Diadèmes des océans, les îles se déclinent de la masse continentale de l'Australie aux petits îlots volcaniques, comme ceux de Polynésie française. Les îles reflètent la double influence de la mer, qui peut tout aussi bien cantonner des espèces dans un micro atome de terre que disséminer la vie d'un lieu à l'autre. Certains scientifiques spéculent sur l'idée qu'un fruit de baobab de Madagascar, dérivant sur l'océan pendant 75 millions d'années, peut aujourd'hui donner naissance à un baobab en Australie.

HERBERT E. GREGORY | 1916

PAGES PRÉCÉDENTES : Au bord de l'abîme, du sommet de la Bald Mountain (1270 mètres d'altitude), South Queensland, Australie.

DEAN WORCESTER | 1912

CI-CONTRE : Ce géologue-photographe du Bureau des Sciences philippin observe l'éruption du volcan Taal.

SAM ABELL | 1991
PAGES PRÉCÉDENTES : Les baobabs qu'on observe le long de la côte nord-ouest australienne pourraient descendre directement de la flore qui occupait les lieux il y a 75 millions d'années.

EMORY KRISTOF | 1991
CI-CONTRE : Rongée par la rouille, la proue du Titanic gît par 4 000 mètres de fond, dans les eaux de l'Atlantique Nord.

BILL CURTSINGER | 1994

CI-CONTRE : Fraîchement sortie de son œuf, cette jeune tortue s'éloigne en hâte de la plage de Michoacán, au Mexique, l'un des principaux sites de reproduction des tortues.

F.J. KIRSCHBAUM | 1929

PAGES SUIVANTES : Les rites initiatiques pratiqués par les cannibales vivant le long de la rivière Sepik, en Papouasie-Nouvelle-Guinée, sont plutôt sanglants et dangereux.

Les îles ont longtemps été synonymes d'évasion. Ainsi l'île de Tahiti a-t-elle été pour le peintre Gauguin (1848-1903) une source d'inspiration quasi magique. De nos jours, les amateurs de rêve s'installeront souvent pour une semaine sur la plage bondée d'un petit « paradis » ensoleillé. L'engouement pour les échappées insulaires a dénaturé l'économie et la culture de nombreuses îles, mais pour d'autres les dollars du tourisme ont favorisé la résurgence de coutumes négligées, comme les danses et chants traditionnels.

SISSE BRIMBERG | 2000

PAGES PRÉCÉDENTES : Malgré l'air glacial ambiant, de courageux baigneurs islandais profitent de la source thermale chaude surnommée Blue Lagoon.

DAVID ALAN HARVEY | 1999

CI-CONTRE : Dans une rue de La Havane, partie de baseball improvisée, certainement le produit importé des États-Unis le plus populaire à Cuba.

INTERNATIONAL NEWS | 1943

CI-CONTRE : Aviateurs
de la Seconde Guerre mondiale
au repos en compagnie
d'autochtones, en attendant
que soient réparés leurs appareils,
sur une base aérienne américaine
du Pacifique.

JODI COBB | 1997

PAGES SUIVANTES : Débarquement
au sec et en toute sécurité, à la fin
d'une promenade dans le lagon
en pirogue tahitienne.

L'UNIVERS

LES PLANÈTES ET AU-DELÀ

L'UNIVERS | LES PLANÈTES ET AU-DELÀ

Après avoir vu la Terre depuis la Lune, Harrison H. Schmitt, membre de l'équipage d'Apollo 17, observa : « Cette fragile boule bleue, avec ses continents comme des radeaux à la dérive, restera le port d'attache de l'homme lorsqu'il voyagera encore plus loin dans le système solaire. » Nous sommes allés plus loin depuis ces mots, publiés en 1973 dans National Geographic. Du moins par l'intermédiaire de « machines ». Voyagers I et II ont pris de superbes images des planètes, et Hubble des vues époustouflantes de l'espace intersidéral.

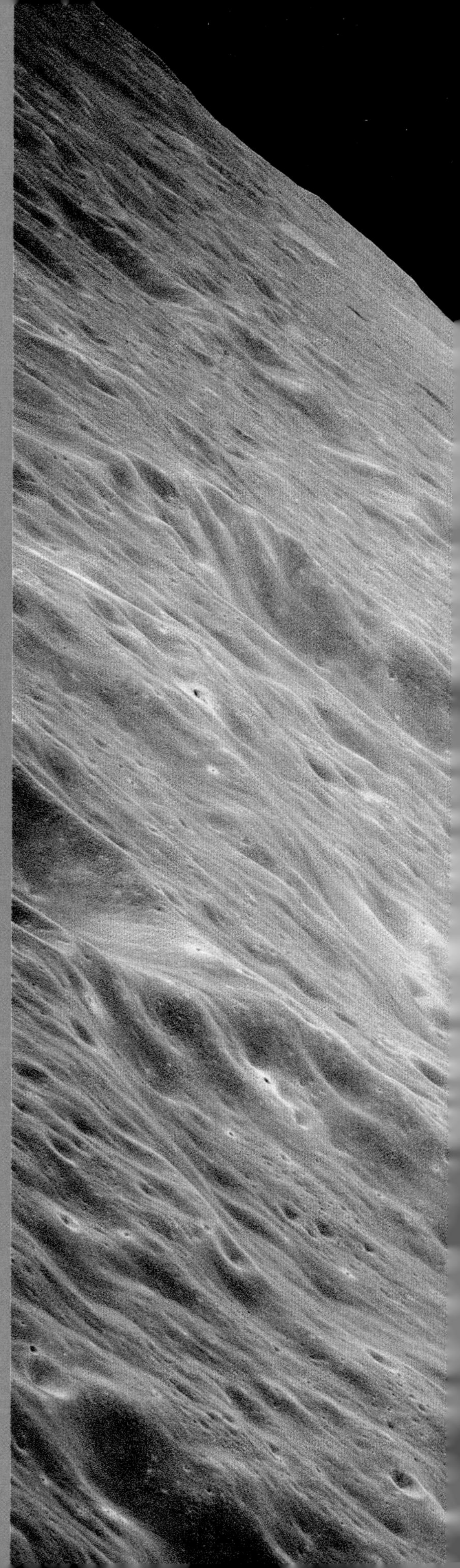

NASA | 1973

PAGES PRÉCÉDENTES : Croissant de Terre dans le ciel lunaire photographié depuis la Lune par les astronautes d'Apollo 17, en orbite autour de notre satellite.

NASA | 1980

CI-CONTRE : La célèbre Grande Tache rouge de Jupiter est un système nuageux trois fois plus large que la Terre, qui tourbillonne sans fin dans l'atmosphère de cette planète géante, essentiellement composée de gaz liquides.

NASA | 1973

Un astronaute de la mission Apollo 17 examine un énorme rocher, au bord d'un cratère de la zone d'alunissage de Taurus-Littrow.

23

NASA | 1974

Notre connaissance de l'Univers doit beaucoup aux innombrables données rassemblées par Skylab, le premier laboratoire orbital américain habité.

JON SCHNEEBERGER | 1982

La navette *Columbia* s'élève dans le ciel
du centre spatial Kennedy, à Cap Canaveral,
en Floride.

LES TRÉSORS DU NATIONAL GEOGRAPHIC

Articles de Sam Abell, Raphael Kadushin, P.F. Kluge, Douglas B. Lee, Paul Martin, Daisann McLane.

Publié par la National Geographic Society
John M. Fahey, Jr., Président directeur-général
Gilbert M. Grosvenor, Président du conseil d'administration
Nina D. Hoffman, Premier vice-président

Direction éditoriale
Kevin Mulroy, Vice-président et directeur éditorial
Marianne R. Koszorus, Directrice artistique
Leah Bendavid-Val, Directrice de collection

Réalisation de ce livre
Leah Bendavid-Val, Directrice de collection
Carolinda E. Averitt, Éditrice
Vickie Donovan, Éditrice photos
Peggy Archambault, Directeur artistique
Anne Moffett, Rédactrice
R. Gary Colbert, Directeur de la fabrication
Meredith C. Wilcox, Assistante
Flora Battle Davis, Assistante
Natasha K. Scripture, Coordinatrice
Ted Tucker, Graphiste stagiaire

Production et contrôle de qualité
Christopher A. Liedel, Analyste financier
Phillip L. Schlosser, Directeur
Clifton M. Brown, Directeur associé

Édition originale

Édition française

Directrice éditoriale : Françoise Kerlo
Responsable d'édition : Valérie Langrognet
Chargée d'édition : Emmanuelle de Villedary,
assistée de Constance Arhanchiague
Chefs de fabrication : Jérôme Brotons, Anne-Kathrin Fischer

Adaptation française : Octavo Éditions
Direction : Olivier Canaveso
Édition : Bernadette Bouvattier, Farida Mahmoud
Mise en page : Barbara Kekus
Traduction : Lucie Milledrogues

Pour la présente édition :
Couverture : Nord Compo

Depuis 1888, la National Geographic Society a financé plus de 13 000 projets de recherche, d'exploration et de conservation, dans le monde entier. Elle fonctionne grâce aux fonds de National Geographic Partners LLC, en partie grâce à votre achat. Une partie des recettes issues de ce livre contribue à son œuvre.

Pour en savoir plus, rendez-vous sur http://natgeo.com/info.

Remerciements

Toute notre reconnaissance au personnel du National Geographic Image Collection et de l'Image Sales, tout particulièrement à Susan E. Riggs, Paula Allen, Bill Bonner, Brian Drouin, Taranjit Kaur, Lisa Mungovan, Hillary Murphy, Paul L. Petty, Leonie Rubiano-Moncada, Ricky Sarno, Anne Wain et Sanjeewa Wickrameskera.
Nous tenons aussi à remercier pour leur aide Tom Craig, Andrew Jaecks, Masako Jennings, Ming Liu, Eduardo Rubiano, Patrick Sweigart, Philip Tinios, et aux autres membres du National Geographic Photographic and Digital Imaging Lab.
Enfin, nous remercions nos collègues du National Geographic's International Licensing and Alliances, tout spécialement Robert Hernandez, Declan Moore et Howard Payne, pour leur soutien et leur implication dans ce projet.

Crédits photographiques supplémentaires

pp. 352-353, National Park Service ; pp. 448-449, CORBIS.

ISBN : 978-2-82290-274-8
Dépôt légal : novembre 2020
Impression : CPM, Italie

Les auteurs

Sam Abell est l'auteur de photos et d'articles parus dans plus de 20 publications, magazine ou livres, du National Geographic, dont Lewis & Clark : Voyage of Discovery.

Raphael Kadushin, responsable de la rubrique Sciences humaines à University of Wisconsin Press, écrit dans les magazines Bon Appétit et National Geographic Traveler.

P.F. Kluge, écrivain, professeur au Kenyon College, a écrit pour de nombreux magazines américains dont Life, Smithsonian et Rolling Stone.

Douglas Bennett Lee, écrivain et réalisateur de films, a vécu par intermittence en Afrique depuis que le National Geographic l'a envoyé en reportage au Botswana, en 1988.

Paul Martin, rédacteur en chef de National Geographic Traveler, a édité et écrit plus d'une douzaine de livres aux éditions du National Geographic, et ses nombreux reportages pour le magazine l'ont emmené un peu partout dans le monde.

Daisann McLane est l'auteur des rubriques « Real Travel » pour le National Geographic Traveler et « Frugal Traveler » pour le New York Times.

Les photographes

Carl E. Akeley (1864-1926), un des premiers Américains à avoir exploré l'Afrique de l'Est, devenu un fervent acteur de la protection des gorilles des montagnes.

William Albert Allard, photographe pour le National Geographic depuis plus de 35 ans. Ces dernières années, il s'est intéressé à la Sicile, à la Provence et au Pérou.

Hiram Bingham (1875-1956) a fait paraître dans les pages du National Geographic la chronique de sa découverte, en 1911, du Machu Picchu, au Pérou.

James P. Blair a rejoint l'équipe du National Geographic en 1962 et a couvert de nombreux pays et sujets pour le magazine.

Sisse Brimberg a contribué à plus de 25 chroniques, dont des articles sur la vie de Hans Christian Andersen et sur la culture des Vikings.

Jodi Cobb, photographe au National Geographic, a arpenté pour ses reportages la Chine, le Japon, la côte ouest des États-Unis, l'Arabie Saoudite et la Polynésie.

Bill Curtsinger, grand spécialiste des royaumes sous-marins, auteur de textes et photos dans de nombreux livres et encylopédies et dans pas moins de 30 articles du National Geographic.

A.W. Cutler a photographié le pays de Galles pour un article du National Geographic en 1923.

Bruce Dale, photographe au National Geographic, a couvert quelque 75 pays.

Charles Goodman (1843-1912) a photographié l'Amérique de l'Ouest en 1888.

Herbert Gregory (1900-1944), géologue, a consacré des études aux lieux aussi variés que le plateau du Colorado, le Pérou, la Nouvelle-Zélande, Tahiti, l'Australie et Hawaï.

David Alan Harvey a contribué à plus de 30 articles du National Geographic (dont 4 dans la seule année de 1994).

Chris Johns a rejoint l'équipe du National Geographic en 1995 ; ses travaux ont notamment porté sur Bill Gates et Nelson Mandela.

Lynn Johnson a couvert les Jeux olympiques pour le National Geographic.

Robb Kendrick est célèbre pour ses « belles images socialement provocantes ».

Tim Laman, diplômé en Biologie à Harvard, a photographié la nature pour aider à sa conservation.

John Launois a photographié les tribus primitives Tasaday aux Philippines. Publié dans le National Geographic en 1971, il a livré un riche témoignage sur la vie tribale avant la déforestation.

Lehnert et Landrock ont monté un studio de photo au Caire au début du XXe siècle. Aujourd'hui, la plupart de leurs clichés sont conservés au musée de Lausanne.

Gerd Ludwig s'est intéressé aux bouleversements de l'ancienne Union Soviétique pour le National Geographic.

O. Louis Mazzatenta fut auteur, éditeur et photographe au National Geographic pendant plus de 30 ans.

Donald McLeish (1879-1950) a abreuvé le National Geographic de photos d'Europe, d'Afrique du Nord et du Moyen-Orient, entre 1915 et la Seconde Guerre mondiale.

Joe McNally a travaillé sur les hors-séries consacrés aux Maîtres de la photographie contemporaine du National Geographic, « Geographic's Masters of Contemporary Photography Series » et à de nombreux numéros de Day in the Life.

Michael "Nick" Nichols s'est intéressé aux animaux sauvages, à la suite de Jane Goodall et de Dian Fossey. Il a souvent été publié dans le National Geographic.

Herbert Ponting (1870-1935) est célèbre pour ses photographies de l'expédition du Capitaine Robert F. Scott au pôle Sud, en 1911.

Joseph Rock fut un pionnier des expéditions au Yunan-Sichuan, commanditées par la National Geographic Society, de 1927 à 1930.

Joel Sartore a couvert pour National Geographic des sujets aussi variés que les suites de l'affaire Hurricane Andrew, le nord de la Californie, les aigles et « la troisième côte de l'Amérique ».

Jon Schneeberger, ancien directeur artistique au National Geographic, fut également consultant pour le projet de Geocam et expérimenta le Goddard Space Flight Center.

George Shiras III fut un pionnier de la photographie naturaliste. Gilbert Grosvenor publia 74 de ses photos dans le National Geographic de juillet 1906.

James L. Stanfield photographia des sujets « allant des rats au pape Jean-Paul II », pour plus de 65 articles commandés par le National Geographic.

George Steinmetz est surtout connu pour ses photos consacrées à la science et aux explorations. Parmi ses thèmes traités : le Sahara, les cultures ignorées et les robots.

Maynard Owen Williams fit partie du groupe des rares reporters admis dans la tombe de Toutankhamon, juste après sa découverte en 1922.

Steve Winter a œuvré, en tant que photographe au National Geographic, à dévoiler le monde animal et les forêts tropicales.

Dean Worcester, Secrétaire aux Affaires intérieures aux Philippines pendant 13 ans, a réalisé des photos de l'irruption du volcan Taal au tout début du XXe siècle.

Michael S. Yamashita, collaborateur au National Geographic depuis 1979, a été le premier photographe à parcourir le Mékong depuis sa source jusqu'à son embouchure.

FSC
www.fsc.org
MISTO
Carta
da fonti gestite in
maniera responsabile
FSC® C121609

Imprimeur : Centro Poligrafico Milano S.p.A. - Casarile (MI).